AF130838

Ing. Jörg Günthör

Die 2 Seiten des Lebens

Eine Hommage an das Leben

Liebe Leserinnen und Leser!

Für mich ist es eine der schönsten Aufgaben für ein Buch ein Vorwort schreiben zu dürfen. Bücher erfassen nicht nur unsere Geschichten, Gedanken und Gefühle und erhalten sie für die Nachwelt, sondern sind immer auch im Moment ein Spiegel der Autorin oder des Autors. Ich durfte Jörg als Dienstgeber, als Bürgermeister, vor allem aber als Kollege einen guten Teil seines Weges begleiten. Wir haben zusammengearbeitet, mit- und manchmal gegeneinander argumentiert, uns gemeinsam geärgert, aber auch gefeiert und gelacht.

Ehe man es sich versieht, fliegen die Jahre und Jahrzehnte an einem vorbei. Es ist allzu leicht, sich nur an die gesundheitlich schwierige Zeit im Leben von Jörg Günthör und an seinen Kampf zurück – den wir Kolleginnen und Kollegen voller Mitgefühl verfolgt haben – zu erinnern. Vor allem jedoch erinnere ich mich auch an berufliche Fortschritte und Veränderung, private Meilensteine, Kinder, die geboren und viel zu schnell erwachsen wurden und an Jörgs leidenschaftliches Engagement für die Pfadfinder.

Ich bin überzeugt, dass es für Sie als Leserin und Leser nicht nur eine Geschichte gibt, sondern vor allem eines: Vieles, das wir für unser eigenes Leben mitnehmen und lernen können! Es ist eine Geschichte von Hoffnung, Enttäuschung, Fehlern, von Mut und Liebe. Es ist eine Geschichte, die das Leben schrieb.

Ihr

Matthias Stadler

Bürgermeister der Landeshauptstadt St. Pölten

Kapitel 1: Musik liegt in der Luft

„Musik war und ist eine absolute Konstante in meinem Leben."
Jörg Günthör, leidenschaftlicher Techniker und Musiker

Ich schreibe dieses Buch, weil mich im Jahr 2016 ein schwerer Schicksalsschlag traf. Ich bekam die Diagnose Zungenkrebs und mein Leben, wie ich es bisher kannte, gab es plötzlich nicht mehr. Ich möchte mit meinem Bericht über die Erfahrungen aufklären, die ich nach der Diagnose machen musste. Unsensible Ärzte, schlaflose Nächte, leere Versprechungen von Scharlatanen, Panik, Angst, eine Fentanyl-Abhängigkeit und vieles mehr. Das alles muss sich wie ein Albtraum lesen und teilweise war es das auch. Doch so schrecklich ein Traum auch sein mag, irgendwann erwacht man daraus und es beginnt wieder ein neuer Tag und die Sonne sendet ihre Strahlen auf die noch nachtkalte Erde. Ich möchte auch darüber berichten, wie ich mich zurück ins Leben kämpfte, denn ein Ziel hatte ich immer ganz klar vor Augen: Ich möchte leben!

Aufgeben war für mich nie eine Option und auch für meine Frau bestand kein Zweifel, dass ich es schaffen konnte und werde. Erst jetzt fühle ich mich in der Lage, das Erlebte mit anderen Menschen zu teilen und darüber zu berichten. Dazu ermutigten mich auch meine TherapeutInnen, die mir sagten, dass mein Fall so selten sei, dass es in ganz Österreich nur noch einige wenige ähnliche Fälle geben würde.

Ich schreibe dieses Buch für Menschen, die daraus einen Nutzen ziehen können – seien es Studenten, die an den medizinischen Aspekten interessiert sind, oder Betroffene, die daraus Beistand, Kraft und Hoffnung ziehen können. Und ich schreibe es für mich, um das Geschehene seelisch zu verarbeiten. Doch vor allem schreibe ich dieses Buch für meine Familie, ohne deren Hilfe ich es niemals geschafft hätte und heute nicht der Mann wäre, der ich – zum Glück – bin.

Doch um meine Geschichte besser zu verstehen und vor allem den Leidensweg, den ich nach der Diagnose beschreiten musste, ist es wichtig, auch mein Leben vor der Erkrankung zu kennen. Denn ich war sicher kein Kind von Traurigkeit und bin es auch heute nicht. Das Leben ist viel zu schön, um sich nur an Kummer und Leid zu orientieren.

Deswegen lassen Sie mich von ganz vorne beginnen …

Ich wurde am 13. September im Jahre 1962 im Herzen meiner schönen Heimatstadt St. Pölten geboren. Meine Mutter und mein Vater wurden in der Nachkriegszeit groß und die Entbehrungen ihrer frühen Jahre prägten meine Eltern. Sie wussten noch, was es heißt, wenn man wirklich nichts hat und der Kampf um das nackte Überleben den Alltag bestimmt. Glücklicherweise hatte ich es da schon besser. Als ich Kind war, ging es den Menschen in Österreich schon viel besser als noch 20 Jahre zuvor. Wir waren eine, für damalige Verhältnisse, typische Arbeiterfamilie. Mein Vater ging arbeiten und war für den Unterhalt der Familie verantwortlich, meine Mutter blieb zuhause und kümmerte sich um mich und um den Haushalt.

Später musste auch sie arbeiten gehen und Geld verdienen. Aber es gab einen Unterschied: Bei uns gab nicht nur die Arbeit, sondern vor allem die Musik den Ton an! Die Musik war es auch, die unsere Familie zusammenhielt und ein unsichtbares Band zwischen uns flocht, welches man nicht zerreißen konnte. Ihr wohnt eine besondere Kraft inne, die ihresgleichen sucht. Musik und besonders das gemeinsame Musizieren verbindet und schweißt zusammen, und so war es auch in unserer Familie. Meist war es aber die Familie meiner Mutter, die an unserer Hausmusik teilnahm, denn die Familie meines Vaters war bei uns nicht so gerne gesehen. Die Hausmusik prägte mich als Kind und ich erinnere mich sehr gerne an diese heiter-musikalischen Abende zurück, bei denen wir in ausgelassener und fröhlicher Stimmung zusammen musizierten. Dabei wurde vor allem Volksmusik und Schlager der 50er und 60er Jahre gespielt. Das darf man sich aber jetzt nicht so plump und platt wie die heutige Volks- und Schlagermusik vorstellen. Wir hatten einen hohen musikalischen Anspruch und es kamen auch sehr viele verschiedene Instrumente zum Einsatz: Geige, diatonisches Akkordeon und das sogenannte „Knöpferlakkordeon", ein österreichischer Ausdruck für ein spezielles Akkordeon. Außerdem spielten wir Trompete, Gitarre, Klavier, Bariton, Zither und der Gesang erklang in allen Tonhöhen. Auch wenn das Verhältnis zu meinem Vater eher kühl und distanziert war, wuchs ich trotzdem behütet, geliebt und geborgen auf, stets eingehüllt in den warmen und herzlichen Mantel der Musik.

Diese half mir schon als kleines Kind und es war etwas Besonderes, das für mich und meine Familie einfach dazugehörte und nicht aus unserem Leben wegzudenken war. Ich konnte mit 5 Jahren ja schon Noten lesen. Gut, zugegeben, der junge Mozart war seinerzeit noch etwas früher dran, er lernte das Klavierspielen schon im Alter von drei Jahren und ein paar Jahre später fing er an zu komponieren. Aber auch ich war noch sehr jung, als ich mein erstes Instrument erlernen durfte. Meine Tante Hansi, die Schwester meiner Mutter, war die treibende Kraft, sie prägte mich nachhaltig und bestimmte so auch meinen weiteren Lebensweg mit. Als ich ungefähr fünf Jahre alt war, hängte sie mir kurzerhand einfach das kleine Hohner-Akkordeon um und forderte mich auf zu spielen. Unter Protest, denn die Märklin-Eisenbahn meines Cousins Roland vulgo Udatsch wäre damals doch interessanter für mich gewesen. Aber sie ließ nicht locker und brachte mir das Spielen und Notenlesen bei, sodass ich bald auch selbst Gefallen daran fand und die langweilige Eisenbahn von Roland vergaß. Als ich merkte, dass ich schon als kleiner Bub dem Akkordeon schöne Töne entlocken konnte, wenn ich mir nur Mühe gab und fleißig übte, war meine Leidenschaft für die Musik geweckt und sie ist noch heute in mir lebendig! Besonders an den Wochenenden ging es heiß her. Alle trafen sich bei uns zuhause oder auch bei meiner Tante Hansi. Es wurde gelacht, gesungen und getanzt. Die meisten konnten ein Instrument spielen und singen, somit war die Tanzkapelle perfekt! Ich bin im Nachhinein sehr dankbar, dass ich meine Wochenenden auf diese Weise verbringen durfte und nicht vor dem Fernseher oder vor einer Spielkonsole, wie das bei vielen Kindern heute leider der Fall ist. Denn musizieren macht nicht nur Spaß, sondern bildet auch den Charakter und die Persönlichkeit. Forscher behaupten sogar, dass die Intelligenz durch das Musizieren gefördert wird. Diese gemeinsamen und unvergesslichen Abende im Kreise meiner Liebsten waren wohl das prägendste Element meiner gesamten Kindheit. Wenn ich mich heute still besinne und in mich hineinhorche, dann höre ich immer noch die alten Lieder und sehe lachende Gesichter und tanzende Menschen vor meinem geistigen Auge. Diese wundervolle Zeit in meinem Leben werde ich wohl niemals vergessen! Schon damals half mir die Musik sehr über die Widrigkeiten des Alltags hinweg. Drei Instrumente durfte ich insgesamt lernen. Akkordeon, Klavier und Trompete. Nur das Singen sollte ich lassen, meinte mein Volksschullehrer. Aber es machte mir so viel Spaß und ich tat es gerne und oft, auch wenn ich die Töne dabei nicht immer ganz so zielsicher traf. Aber was macht das schon für eine Rolle, wenn man Freude dabei empfindet? Glücklicherweise hat sich das in späteren Jahren mit viel Übung und einer gehörigen Portion Routine geändert. Nachdem ich gelernt hatte, auf dem Akkordeon zu spielen, durfte ich auch noch Trompete und Klavier lernen. Das Instrument mit den vielen schwarzen und weißen Tasten hatte es mir besonders angetan. Es war ein überwältigendes Gefühl, wenn meine zehn kleinen Finger über das Instrument huschten und diesem die zauberhaftesten Töne entlockten. Die Liebe zum Klavier blieb und ist auch heute noch ein Teil meines Lebens. Noch etwas formte mich schon als kleiner Junge und legte meinen zukünftigen Lebensweg fest. Es waren der Strom und seine Auswirkungen, die ich bis zu diesem bestimmten Erlebnis noch nicht kannte. Als ich etwa drei Jahre alt war, öffnete ich die Türe unseres Kühlschranks. Ich weiß heute nicht mehr genau, was mich dazu antrieb, ich glaube aber, es war eher mein Entdeckergeist als die Suche nach etwas Essbarem. Hinten an der Wand des Kühlschranks befand sich eine kleine Glühbirne. Neugierig schraubte ich sie aus der Fassung und griff, ohne zu zögern, hinein. Und schon war ich elektrisiert! Ich bekam einen kleinen Schlag, der zwar nicht sonderlich weh tat, aber mir dennoch einen gehörigen Schrecken einjagte. Das war ein Erlebnis! Ich erinnere mich noch heute lebhaft an diesen Moment. Der Strom und auch die Musik sollten mich mein restliches Leben lang verfolgen, oder vielleicht ist „begleiten" der passendere Ausdruck dafür. Aber damals als kleiner Junge wusste ich noch nichts von meinem späteren Schicksal. Fernsehen war in meiner Kindheit noch ein besonderer Luxus und längst nicht jede Familie hatte ein Gerät zuhause, ja die meisten Leute konnten es sich damals schlichtweg nicht leisten. Doch ich hatte Glück. Mein Onkel besaß schon einen Fernseher und etwa zweimal im Monat besuchten wir ihn und ich durfte meine ersten Sendungen bei ihm sehen. Natürlich noch in Schwarz-Weiß, aber es war dennoch eine Sensation! Als ich sieben Jahre alt war, wurde ich eingeschult. Als Septemberkind kam ich ein Jahr später in die Schule als andere Kinder und so hatte ich noch ein weiteres

Jahr Schonfrist, bevor ich in den Ernst des Lebens eintauchen musste. Ich besuchte zuvor auch keinen Kindergarten, da dies in den 60er Jahren noch nicht üblich war. Ich konnte deshalb die ersten sieben Jahre meines Lebens im „behüteten Kreise" meiner Familie verbringen. Mit Musik, Freude und Tanz. Welch ein Glück für mich! In der Schule wehte dann doch ein anderer Wind und „der Kleine mit den roten Haaren" musste erst einmal lernen, sich in der großen weiten Welt zu behaupten, auch wenn diese Welt erst einmal nur von meinem Elternhaus bis zum Klassenzimmer reichte. Trotzdem war es eine erste Herausforderung in meinem jungen Leben. Es waren aber nicht nur die roten Haare, die mich ein wenig als Sonderling erscheinen ließen, ich war auch seit der Geburt auf meinem rechten Auge blind. Das war genügend „Material" für die anderen Kinder, um mich zu hänseln und ihre Späße mit mir zu treiben. Meine Mutter verhätschelte mich zuvor auch und ließ mich kaum aus den Augen, schließlich war ich ihr einziges Kind, ihr ganzer Sonnenschein. So war ich die „Härte" des Lebens nicht gewöhnt. In der Schule lief es dann ganz anders. Kinder können wirklich gemein sein. Aber was soll´s, Erfahrungen formen bekanntlich den Charakter. Und den sollte ich in meinem späteren Leben auch brauchen! Als ich acht Jahre alt wurde, kam es erneut zu einem Einschnitt, der dieses Mal aber weit dramatischer war als der schwierige Start in der Schule. Meine Eltern ließen sich scheiden. Das war sehr schlimm für mich! Es lag wohl hauptsächlich daran, dass meinem Vater das Bier und der G´spritzte zu gut schmeckten.

13

Und auch damit, dass er nebenberuflich Schilehrer war, konnte meine Mutter nicht gut umgehen. Meine Eltern waren mir immer wichtig, aber das ganze Auf und Ab in unserer Beziehung bedeutete oft auch Stress für mich. Auch in späteren Jahren noch. Mein Vater war nach der Scheidung sehr distanziert und das änderte sich auch nicht mehr, bis er im Jahr 2020 schließlich starb. Zu meiner Mutter jedoch hatte ich die ganze Zeit über ein engeres Verhältnis, wobei es auch nicht immer leicht war. Als sich meine Eltern scheiden ließen, wohnte ich eine Zeit lang bei meiner Tante Hansi und meinem Onkel Fredi. Ich mochte sie beide und sie waren sehr nette Menschen, aber optimal war es sicher auch nicht. Meine Mutter heiratete später noch einmal und aus dieser Ehe entstand meine Halbschwester. Doch trotz aller Widrigkeiten und Hindernisse, die sich mir zu Beginn meiner Schullaufbahn in den Weg stellten, schaffte ich die Volksschule mit sehr guten Noten und ich durfte deshalb im Anschluss ein Gymnasium besuchen. Damals war das noch etwas sehr Besonderes, nicht jeder schaffte es und man gehörte im Österreich der frühen 70er Jahre damit zur geistigen Elite des Landes. Hätte ich damals einen Dreier in meinem Abschlusszeugnis gehabt, wäre mir der Übertritt ans Gymnasium verwehrt geblieben. Heutzutage reicht es dagegen schon, wenn man keinen Fünfer hat. So ändern sich die Zeiten. Mein Leben in der Unterstufe war ein Albtraum für mich. Ab der dritten Klasse wurde Englisch zu einer Katastrophe. „He, she, it, das S muss mit." Doch mein Kopf wollte nicht so recht mit, denn für mich war diese Sprache ein böhmisches Dorf und meine Fremdsprachenbegabung hielt sich in Grenzen, besser gesagt, sie war eigentlich überhaupt nicht vorhanden. Das war nicht leicht für mich, aber Englisch gehörte nun einmal zum Lehrplan auf einer höheren Schule, auch damals schon. Dafür war ich in Musik immer einer der besten in meiner Schule. Obwohl ich nicht mehr so ein guter Schüler wie auf der Volksschule war, konnte meine Mutter überall mit stolz geschwollener Brust verkünden: „Hört her, mein Sohn geht aufs Gymnasium!" Es musste nicht jeder wissen, dass ich in Englisch ein Versager war, und diese Tatsache behielt sie auch lieber für sich.

In meiner Familie gab es noch jemanden, der sehr musikalisch war. Das war mein Cousin. Er studierte Musik. Sein Instrument war die Trompete und er war Student am Prayner Konservatorium in Wien. Er war talentierter als ich, aber ich gönnte es ihm und empfand keinen Neid gegenüber meinem begabten Vetter. Als ich dann 13 Jahre alt war, wechselte ich ebenso ans Prayner Konservatorium, und mein Fach war das Klavier. Es war mein Lieblingsinstrument, obwohl ich auch die Trompete und das Akkordeon mochte. Allerdings waren meine ganz große Liebe und auch meine größte Begabung eng mit diesem Instrument verbunden. Da war ich nun ... der kleine Landjunker in der großen Stadt. Dort gab es viel für mich zu entdecken, was ich vom Landleben her überhaupt nicht kannte. In Wien war alles anders, es gab sogar eine U-Bahn, die damals noch „Stadtbahn" hieß und aus alten, roten und klapprigen Waggons bestand. Und dann gab es noch diese

Damen, die den ganzen Tag über an den Häuserecken standen und mich komisch angrinsten, wenn ich in meiner jugendlichen Unschuld an ihnen vorüberging. „Keine Ahnung, warum die so freundlich zu mir sind", dachte ich mir. „Aber ich mag sie, sie grüßen mich immer." Sie sagten dann manchmal auch etwas zu mir: „Na Kleiner, ganz allein unterwegs? Wo ist denn dein Papa? Wir hätten da was für ihn!"

Wieder stand ich vor einem Rätsel und fragte mich: „Woher kennen die denn meinen Papa? Ich habe ihn auch schon ein paar Monate nicht gesehen!"

Wie man merkt, hatte ich damals die ganz große Ahnung und den vollen Durchblick, und das meine ich jetzt nicht wörtlich.

Doch mein Leben ging weiter und ich sammelte meine Erfahrungen, auch wenn sie nicht unbedingt alle positiv waren. Aber wer kann das schon von seinem Leben behaupten? In der vierten Klasse musste ich dann in der Schule beweisen, dass ich ein ganz toller Hecht war. Das Testosteron schoss mir schon durch den Körper und plötzlich tat ich Dinge, die mir die Jahre zuvor ganz fremd waren. Ein Mitschüler musste wegen mir auf einen Teil seiner Schneidezähne verzichten und daraufhin war es für mich an der Zeit die Schule zu wechseln. Ich sagte mir: „Und überhaupt bin ich ein Musiker und gehöre sowieso ins BORG in den musischen Zweig."

Gesagt, getan.

Das erste Jahr war großartig und es gab keine weiteren Probleme. Doch in der sechsten Klasse holte mich meine altbekannte Fremdsprachenschwäche wieder ein und bereitete mir erhebliche Probleme. Das Endergebnis war, dass ich das erste Mal sitzenblieb und eine unfreiwillige Ehrenrunde drehen musste.

Vielleicht waren aber auch die ersten Brunftschreie an meinem schulischen Misserfolg Schuld, die damals lautstark durch mein Hirn hallten und alles andere blockierten. Was interessierte mich schon Englisch? Die faszinierenden Mädels waren doch das Einzige, das zählte!

Und doch war auch die Musik präsent in meinem Leben, und, neben den Annäherungsversuchen an das schöne Geschlecht, begleitete sie mich auch immer noch. Ich gehörte sogar zu den musikalischen TOP TEN der Schule! Genutzt hat es mir aber nichts.

Und so wechselte ich nicht in die siebte Klasse, sondern in die Wiener Maturaschule. Das war ein wirkliches Highlight! Endlich allein! Und die Mädchen waren toll, keine langweiligen Landpomeranzen, wie ich sie von zuhause kannte. Die Frauen hier hielten etwas auf sich. Ich legte mir ein anständiges Großstadtgehabe zu und war ganz in meinem Element. Aber nicht mit Schirm, Charme und Melone, mein Motto lautete: Flirten sie mit dem Mann am Klavier! Schnell fand ich Anschluss an den Kreis der oberen Zehntausend der Wiener Gesellschaft, zumindest dachten sie das von sich selbst.

Dazu gehörten die Söhne und Töchter der Leute, die etwas mehr Geld hatten als die Abkömmlinge der Arbeiterfamilien.

Zu Letzteren gehörte ich, aber durch meine musikalischen Fähigkeiten war ich anerkannt in der Wiener „High Society".

Es lief nicht schlecht für „den kleinen Jungen mit den roten Haaren" und dieser Junge war dabei, erwachsen zu werden und sich seinen Platz in der Großstadtwelt zu erobern. Ich hatte dann auch noch das Glück, Zugang zu einem richtigen Tonstudio zu bekommen und ich schwebte im siebten Himmel. Mein Glück war perfekt! Es gab so viele Künstler in Wien und ich gehörte zu ihnen. Auch wenn die meisten kaum Geld hatten oder etwas in ihrem Leben erreichten, als Künstler war man immer etwas Besonderes und konnte die Menschen um sich beeindrucken. In meinem Freundeskreis waren viele dieser „Lebenskünstler" und das war genau der richtige Umgang für einen Landjunker wie mich. Auch mit meiner eigenen Musik ging es voran und ich konnte meine ersten Erfahrungen als Tanzmusiker sammeln. Endlich verdiente ich auch das erste eigene Geld und ich muss sagen, das war wirklich eine gute Sache. Ein Einkommen gibt ein beruhigendes Gefühl und erstmals in meinem Leben fing ich an, auf eigenen Beinen zu stehen.

Als ich 18 Jahre alt war, befand ich mich auf dem ersten Höhepunkt meiner Klassikkarriere als Pianist. Mein Lehrer setzte große Hoffnungen auf mich und meldete mich bei einem Wettbewerb an. Wenn man etwas in der Musik erreichen möchte, sollte man eigentlich jeden Tag bis zu sechs Stunden üben – eigentlich. Ich begnügte mich aber mit mickrigen zwei Stunden, denn ich musste mir eingestehen, dass die Mädels noch heißer als das Klavier waren. Und außerdem sahen sie besser aus! Trotzdem fieberte ich dem Wettbewerb gespannt entgegen und freute mich bereits darauf, meine Künste vortragen zu dürfen. Als der begehrte Tag endlich da war, durfte ich als Erster vorspielen. Ich begann mit der Pflicht und ging danach zur Kür über. Ich dachte mir: „Das kenne ich doch irgendwoher …" Ein Freund erzählte mir einmal, dass er verheiratet sei, das sei die Pflicht, und dann würde er zu seiner Geliebten gehen, da komme die Kür. Mit einem Schmunzeln ob meiner frivolen Gedanken betrat ich die Bühne. Sogar dem Prüfer fiel es wohl auf, dass ich mich königlich über etwas amüsierte. Normalerweise sollte ich doch aufgeregt sein, mit einigen Schweißperlen auf der Stirn und keinesfalls vor mich hin grinsen. Mein Lehrer, der auch bei der Prüfung anwesend war, bekam fast einen Nervenzusammenbruch. Der Prüfer sprach mich darauf an: „Sie scheinen sich ja sehr zu amüsieren. Darf man den Grund dafür erfahren?"

„Ja, ich bin wohl einfach sehr nervös", redete ich mich heraus.

Dann durfte ich spielen. Meine Kür bestand aus drei Etüden von Skrijabin, von denen eine in Des-Dur gespielt wird. Das war eine echte Herausforderung!

Ich lieferte eine gute Leistung ab und brauchte mich nicht vor den anderen Teilnehmern zu verstecken. Am Ende belegte ich den zweiten Platz, womit ich sehr zufrieden war.

Doch auf dem Siegertreppchen war ein 13-jähriger Japaner und damit stand für mich fest: „Das mit der Klassik überlasse ich lieber den anderen Pianisten, ich stürze mich in die Tanzmusik."

Ich hatte noch nie ein Problem damit, wenn jemand besser war als ich und deswegen erkannte ich neidlos an, dass ein fünf Jahre jüngerer Pianist, weitaus talentierter oder doch zumindest viel fleißiger war als ich. „Man muss eben erkennen, wenn es nicht für ganz oben reicht", dachte ich mir. Das machte mir aber nichts aus, denn die Tanzmusik bot genauso ihren Reiz und ihre Vorzüge wie es auch die Klassik tat. Und um Mädchen kennenzulernen, war die Tanzmusik sicher die bessere Wahl. Was hätte ich denn mit den ganzen alten Damen in einem vornehmen Konzerthaus anfangen sollen?

In den darauffolgenden Jahren teilte sich mein Leben wie folgt auf: Die Werktage widmete ich meiner schulischen Ausbildung und am Wochenende war ich fast ausschließlich auf den Bühnen der vielen Dörfer zu finden. Das war eine wunderbare und sehr aufregende Zeit! Ich genoss die Aufmerksamkeit als Musiker und die damit verbundenen Annehmlichkeiten in Bezug auf die weibliche Bevölkerung. Sobald jemand auf der Bühne steht und gut ist, in dem, was er tut, sind ihm eine gewisse glamouröse Ausstrahlung und eine große Anziehungskraft eigen. Und ich kann nicht sagen, dass mir dies zu meinem Nachteil gereichte. Ich genoss das Bühnendasein in vollen Zügen!

Nach einiger Zeit merkte ich, dass mir das Spielen vor Publikum viel mehr Spaß machte als die schnöde Schule. Ich dachte mir: „Matura, wer braucht die schon?" Und so schmiss ich kurzerhand die Schule hin, um mich fortan vermehrt den Frauen und der Musik zu widmen.

Wie wird es auf gut Wienerisch so treffend formuliert:

„Ich das Leben, die Liebe und den Wein"

Dieses Motto gefiel mir und es war nicht sonderlich schwer, mich daran zu orientieren.

Mein Cousin durchlief währenddessen eine erstaunliche und sehr erfolgreiche musikalische Karriere. Er lebt heute noch von der Musik und ist einer der größten Komponisten Österreichs. Ich bin nicht neidisch auf ihn. Ich gönne ihm seinen Erfolg und bin stolz, dass er es so weit brachte. Nicht viele Musiker können von sich behaupten, Komponisten zu sein und darunter sind wieder nur wenige, die sich mit ihren kompositorischen Fähigkeiten in der Welt der klassischen Musik durchsetzen können, wo die Konkurrenz so groß ist. Beethoven, Mozart, Bach ..., um nur einige Namen zu nennen, gehören zu den bekannten Vorreitern, mit deren Werken sich ein Komponist heutzutage messen muss. Das ist schon ein unglaublich hoher Maßstab!

Ich folgte meiner eigenen Passion und war als Tanzmusiker auch sehr erfolgreich. In meinen Hochzeiten gab ich jedes Jahr 100 bis 120 Konzerte. Ich stand also durchschnittlich fast jeden dritten Tag auf der Bühne. Das war ohne Frage anstrengend und kostete Kraft, aber es gab mir andererseits auch sehr viel und ich bereue es nicht.

Als ich 21 Jahre alt war, machte ich mir das erste Mal Gedanken über den Sinn in meinem Leben. Ich stellte mir Fragen wie: „Wer bin ich? Was habe ich bisher erreicht? Wo soll die Reise des Lebens für mich hingehen?"

Ich musste mir eingestehen, dass es zwar gut war, ein aktiver Musikant zu sein, aber ich besaß kaum etwas und das machte mir Sorgen. Mit dieser Erkenntnis meldete ich mich beim Arbeitsamt zu einer Umschulung zum Elektriker an.

Ich trat also erstmals in die „richtige" Arbeitswelt ein und meine Arbeitszeiten waren dabei nicht an den Abenden, wie ich es von meinem bisherigen Künstlerdasein gewöhnt war, sondern von morgens bis zum späten Nachmittag. Das war schon eine große Umstellung für mich. Alles war neu und die Arbeit war hart. Doch glücklicherweise wurde mir der schwere Einstieg in die Arbeit versüßt. Ich lernte meine Frau kennen und diese Begegnung und die Liebe, die sich im Laufe der Zeit daraus entwickelte, beflügelte mich und gab mir Kraft. Meine Frau ist ein wundervoller Mensch und ich bin sehr dankbar, dass wir zueinanderfanden!

Der Grund, warum ich mich für eine Ausbildung entschied, war folgender: Ich erinnerte mich einerseits daran, dass es bessere Pianisten als mich gab, zumindest im Bereich der Klassik, was mir der 13-jährige Japaner beim Klavierwettbewerb lebhaft vor Augen führte. Deswegen dachte ich mir damals: „Ein Leben als klassischer Pianist wäre für mich wahrscheinlich ein brotloses Dasein."

Nach drei Jahren Aufenthalt in Wien mit all seinen Facetten wurde mir klar, dass ich geradewegs auf ein Leben als abgehalfterter Künstler zusteuerte. Ich wusste, wenn ich noch lange so weitermachte, würde mir ein bürgerliches Leben aller Voraussicht nach für immer verwehrt bleiben. Sicher, ich liebte die Musik, doch noch mehr sehnte ich mich danach, eine Familie zu gründen. Ich wollte Vater werden und darüber hinaus ein guter Ehemann. Deswegen wollte ich mein Lotterleben aufgeben, was nicht heißen sollte, dass ich die Musik aufgab. Nur den Lebenswandel, den ich damals führte, mit viel Alkohol und einigen amourösen Abenteuern wollte ich hinter mir lassen. Ich wollte mich binden und endlich ein bodenständiges und ruhigeres Leben führen. Ich genoss meine wilden Jugendjahre und lebte mich ordentlich aus und das bereue ich auch nicht, im Gegenteil. Ich kann wirklich behaupten, dass ich im Alter einmal nicht sagen muss, dass ich früher etwas versäumt habe, weil ich mich für eine Familie und eine feste Arbeit entschied. Ich werde später nicht auf Biegen und Brechen etwas nachholen müssen. Ich erlebte es bereits, bevor ich meine Frau kennenlernte, und ich schlitterte nicht blindlings in eine Beziehung mit ihr. Ich entschied mich ganz bewusst dafür. Das ist ein großer Unterschied!

Ich wollte mich absichern und doch auch etwas „Bodenständiges" neben der Musik in meinem Leben haben. Ich schlug mich gut in der Ausbildung und hatte sehr gute

Noten. Ich war wohl doch nicht so dumm, wie ich früher so manches Mal dachte, als ich schlechte Noten in Englisch bekam. Technische Sachverhalte lagen mir anscheinend mehr als das Erlernen von Sprachen. Ich bestand sogar mit Auszeichnung und konnte jetzt von mir sagen: „Ich habe eine richtige Ausbildung!"

Die Musik war nun aber keineswegs aus meinem Leben verbannt. Ich stand weiterhin auf der Bühne und genoss das abendliche Eintauchen in das Nachtleben.

So war mein Privatleben intakt und harmonisch und ich war glücklich mit meiner neuen Partnerin. Doch die Arbeit forderte mich heraus und manches Mal musste ich mich fragen, wie lange ich das noch aushalten könnte. Es gab sehr viel Druck von der firmeninternen Führung und diejenigen, die in der Hierarchie ganz unten standen, waren ihm am meisten ausgesetzt. Ich musste mich erst einmal daran gewöhnen, wie es in der „normalen" Arbeitswelt zuging.

Doch ich gab nicht auf und bildete mich sogar noch weiter, indem ich die Werkmeisterschule besuchte.

Und es war wieder einmal die Musik, die mir über so manche Sinnkrise hinweghalf.

Oft war es schwer für mich, doch „Musik lag in der Luft", um bei Peter Frankenfeld zu bleiben. Ich konnte die Werkmeisterschule erfolgreich abschließen und erneut erfuhr ich die Bestätigung, dass ich auch außerhalb der Musik einiges erreichen konnte, wenn ich mir Mühe gab und etwas wirklich wollte. Der Ehrgeiz packte mich und ich wollte mich nicht etwa auf den erreichten Lorbeeren ausruhen. Ich strebte nach mehr und besuchte im Anschluss an die Ausbildung auch noch die Abendschule der HTL. Diese würde ich, bei erfolgreichem Bestehen, mit dem Titel des Ingenieurs abschließen.

Die folgenden fünf Jahre waren anstrengend, doch auch erfüllend. Ich war nun wirklich erwachsen geworden, mit einer wundervollen Frau liiert, und ich hatte keine Zeit mehr für die Flausen aus meinen Wiener Jahren. Tagsüber arbeitete ich als Elektriker und an den Abenden besuchte ich die Schule für meine Weiterbildung und … da war doch noch etwas … Ja, an den Wochenenden trat ich immer noch als Tanzmusiker auf. Und ich kann auch sagen, dass ich nicht schlecht dabei verdiente. Meine Musikkarriere entwickelte sich prächtig, obwohl ich nebenbei eine Ausbildung machte und sogar ganz normal arbeiten ging. Ich wurde relativ erfolgreich als Tanzmusiker. Damals zahlte man in Österreich noch mit Schilling. Sieben Schilling entsprachen einer DM. Ich investierte zwar im Laufe meiner Karriere über eine Million Schilling in die Musik, aber meine Einkünfte beliefen sich auf einiges mehr als meine Investitionen.

Es war also eine Investition, die sich durchaus lohnte. Die Umschulung dauerte fünf Jahre und während dieser Zeit wurde ich das erste Mal Vater. Mein Sohn Georg kam zur Welt und dieses Ereignis war ein weiterer Lichtblick in meinem Leben. Ich war gerade einmal 30 Jahre alt, aber trotzdem hatte ich es geschafft. Ich war sehr stolz auf meinen kleinen Jungen und es machte mich glücklich, in seine strahlenden Augen zu sehen, oder wenn er mir sein Lächeln schenkte. Wenn man ein Kind bekommt, dann ändert sich die ganze Perspektive auf das Leben. Die egoistischen Sorgen, die man früher hatte, treten eher in den Hintergrund, denn nun ist man für ein neues Leben verantwortlich und man möchte seinem Kind alles möglich machen, was in seiner Macht steht. Außerdem motivierte es mich, im Beruf und bei meinen Auftritten weiterhin meinen Mann zu stehen. Schließlich war ich jetzt ein Familienvater und arbeitete nicht mehr nur für mich selbst, sondern auch für meine Frau und meinen kleinen Jungen. Das kann ein gewaltiger Motor im Leben eines Menschen sein. Bei mir war es das jedenfalls.

Nach der Umschulung begann mein bürgerliches Leben. Ich startete meine Karriere im öffentlichen Dienst bei der Straßenbeleuchtung in St. Pölten und arbeitete mich dort behäbig nach oben. Es dauerte seine Zeit, bis ich weiterkam und gerade zu Beginn war es nicht leicht, doch ich hatte es auch nicht eilig und konnte geduldig abwarten. Und irgendwann zahlten sich meine Mühen und meine Beharrlichkeit auch aus und ich brachte es bis zum Geschäftsführer. Das war super für mich! Ich hatte es geschafft, mir ein bürgerliches Leben aufzubauen. Erfolg im Job, Glück im Privatleben, eine großartige Familie und auch die Musik konnte ich noch auf eine befriedigende und erfolgreiche Weise in mein Leben integrieren.

Es kam später dann aber zu einer musikalischen Pause. Diese war gut und notwendig, denn ich wollte mich einerseits vorerst auf meine Familie konzentrieren und auf der anderen Seite wurde es mir auch irgendwann fad, immer nur Tanzmusik zu spielen, was mich nur wenig herausforderte. Schließlich hatte ich eine klassische Klavierausbildung. Nachdem ich noch einmal Vater wurde, und meine beiden Zwillinge auf die Welt kamen, schien mein Familienglück perfekt zu sein. Es waren zwei kerngesunde Jungen! Vielleicht inspirierte mich die Geburt meiner Kinder auch und machte mir Mut. Denn danach wagte ich den Sprung in eine andere musikalische Sparte. Ich begab mich in die Welt des Jazz, Blues und Boogie, was musikalisch betrachtet eine echte Weiterentwicklung bedeutete. Als ich 50 Jahre alt war, kam dann noch überraschend meine kleine Prinzessin auf die Welt und schenkte mir erneut die unbeschreibliche Freude eines werdenden Vaters. Da wir schon drei Jungs hatten, freuten wir uns umso mehr über ein Mädchen. Ich war also ein Mann in mittleren Jahren und es war alles perfekt. Ich hätte nicht glücklicher sein können. Ich hatte alles erreicht und vieles gewonnen. Eine erfolgreiche Karriere als Musiker, Erfolg im Beruf und eine wundervolle Familie. So sollte ein Leben aussehen!

Mir kam es so vor, als wäre ich am Zenit meines Lebens angekommen und wenn es nach mir ginge, hätte es ewig so weitergehen können. Doch dann passierte etwas Unerwartetes, was alles Bisherige auf den Kopf stellte ...

Kapitel 2: Von der Sonne in den Regen – ein tragischer Einschnitt!

„Hilfe, ich blute aus dem Mund!"

Wir schrieben das Jahr 2016, es war Weihnachten und eigentlich hätte ich zusammen mit meiner Familie die stille und besinnliche Zeit genießen können. Doch eines Nachts bemerkte ich ein seltsames Gefühl in meinem Mund. Ich fragte mich: „Ist es das Zahnfleisch? Nein, es sitzt tiefer!" Ich schmeckte den roten Lebenssaft und hatte ein wirklich komisches Gefühl. Es beschlich mich der leise Verdacht, dass irgendetwas ganz und gar nicht in Ordnung war mit mir. Ich lag im Bett und versuchte, das eben Erlebte zu verdrängen, und vertagte das Nachdenken auf den nächsten Morgen. Irgendwie hoffte ich, dass es nur Zahnfleischbluten war und mit diesen tröstenden Gedanken, beendete ich meine Spekulationen über meine Gesundheit. Mit einem unguten Gefühl im Bauch schaffte ich es wieder, in einen unruhigen Schlaf zu fallen. Doch als ich am nächsten Morgen aufwachte, fing mein Gehirn sofort wieder an zu rattern. 1000 Gedanken schossen mir durch den Kopf: „Was fehlt dir bloß, Jörg? Was ist los mit dir? Was soll ich jetzt tun? Ist es etwas Ernstes oder wird es von selbst wieder vorbeigehen?"

Ich hatte wieder Blut im Mund und meine Intuition sagte mir, dass leider nicht alles in Ordnung sei.

Und die Angst in mir und davor, was gerade in meinem Körper vor sich geht, ließ sich nicht mehr mit guten Gedanken beruhigen. Ich kann es heute noch kaum beschreiben, was ich damals fühlte. Aber es war nur schwer zu ertragen und ich wünschte mir nichts sehnlicher, als aus diesem Albtraum wieder zu erwachen. Doch ich erwachte gerade in die bittere Realität!

Relativ schnell kam ich daher zu dem Entschluss, mich im Spital untersuchen zu lassen. Ich hatte glücklicherweise Unterstützung dabei und mein jüngster Sohn begleitete mich.

Bei der Untersuchung war zuerst nur ein Assistenzarzt anwesend, aber schnell kamen noch zwei Oberärzte hinzu und ich vermutete, dass dies nichts Gutes bedeutete. Kein gutes Zeichen!

Einer der Ärzte richtete mit sachlichem Tonfall das Wort an mich: „Wir wissen nicht genau, was es ist, Herr Günthör, aber wir möchten Sie sicherheitshalber über Nacht hierbehalten. Morgen machen wir dann eine Biopsie."

Ich wusste überhaupt nicht, was los war, und ich fragte deshalb: „Was ist das, eine Biopsie?"

Wieder antwortete mir der Arzt mit wenig Empathie. Er behandelte mich eher wie eine Nummer statt als Menschen, der in Not war. Er sagte: „Unter Narkose wird ein Teil herausgeschnitten und dann in der Pathologie untersucht."

Es lief mir eiskalt über den Rücken und ich dachte: „Das klingt nicht gut!"

Ich bekam ein Bett und legte mich nervös nieder.

Plötzlich erschien der leitende Oberarzt im Zimmer und teilte jedem Patienten mit, wann er am nächsten Tag an der Reihe sein würde. Als er an meinem Bett angekommen war, wendete er sich mit einem kühlen Blick an mich und teilte mir herzlos mit: „Sie sind morgen um 11 Uhr dran, aber ich kann Ihnen heute schon sagen, dass Sie Krebs haben, finden Sie sich damit ab!"

Dann drehte er sich um, ohne ein weiteres Wort an mich zu „verschwenden" und verließ den Raum.

Seine Worte trafen mich hart und unerwartet, wie ein schwerer Hammer, direkt in mein Herz! Es war nicht so sehr die Information, die mich schockierte, auch wenn diese an sich schon schlimm genug war. Was mich am allermeisten schockierte und verletzte, waren die Abgebrühtheit und Herzenskälte mit denen mir der Arzt mein „Schicksal" mitteilte. Als ob es darum gehen würde, einem Schüler zu sagen, dass er eine schlechte Note bekommt. Für ihn schien es nichts Besonderes sein, mir diese Hiobsbotschaft mitzuteilen, nein im Gegenteil, es wirkte so, als sei es für ihn etwas völlig Belangloses und die selbstverständlichste Sache auf der Welt.

Doch für mich war es das nicht! Es erschütterte mich tief in meinem Innersten! „Krebs?", dachte ich mir, „das passt doch gar nicht in mein Leben! Kann das wirklich wahr sein?"

Ich hätte mir nur ein wenig mehr Mitgefühl erwartet und vielleicht ein paar tröstende Worte, wie etwa: „Jetzt machen Sie sich nicht zu viele Sorgen Herr Günthör, vielleicht können wir den Krebs gut behandeln. Sie sind hier bei uns in den besten Händen."

Aber auf so eine mentale Unterstützung musste ich leider Gottes komplett verzichten. Stattdessen stürzten mich die lieblosen Worte des Arztes in einen Abgrund, dessen Ausmaße ich bis zu diesem Zeitpunkt noch nicht einmal erahnte.

Mein Bett begann sich zu drehen und meine Knie zitterten, während gleichzeitig kalter Schweiß am ganzen Körper ausbrach. Ich wusste nun nicht, wie es um mich stand. Ich fragte mich panisch: „Ist es nun zu Ende? War es das oder geht es doch noch weiter, und wenn ja, wie? Lohnt es sich jetzt für mich, überhaupt noch zu schlafen?" Ich fand keine Antworten auf diese bohrenden Fragen, die mir riesige Löcher in mein Herz rissen. Doch ich war auch zu perplex, um noch einmal bei den Ärzten oder einer Schwester nachzufragen. Ich fühlte mich allein gelassen – allein mit meinem Schicksal, welches wie eine schwere, schmerzende Bürde auf mir lastete.

Ich hörte, wie sich die anderen Patienten im Zimmer Witze erzählten, aber ich konnte nicht darüber lachen. Sie klangen für mich wie eine Sprache, die ich früher einmal beherrschte, aber nun vergessen hatte. Humor erschien mir in diesen düsteren Momenten meines Lebens wie eine komplizierte Fremdsprache, deren Sinn ich nicht begreifen konnte.

Ich fragte mich noch: „Hat der Arzt vielleicht auch nur einen Witz erzählt und wollte mich bloß schocken?!"

Doch da war ein nagendes und trostloses Gefühl in mir, welches mir sagte, dass dem leider nicht so war. Ich fühlte mich hilflos und irgendwann schlief ich einfach ein.

Als der nächste Tag anbrach, fühlte ich mich kein Stückchen besser. Ich hätte gerne etwas gefrühstückt, um meine Nerven und meine Seele etwas zu beruhigen, doch ich musste nüchtern bleiben für die bevorstehende Operation. Draußen regnete es und es schien so, als würde das Wetter meine innere Stimmung widerspiegeln: trostlos und grau. Ich wartete auf den Pfleger, der mich in den OP führen sollte. Die Minuten verstrichen wie eine Ewigkeit und träge tickten die Sekunden. Es blieb mir wieder jede Menge Zeit für quälende Gedanken: „Ist das alles wahr? Oder ist es nur ein schlimmer, schlimmer Albtraum und ich werde gleich munter und muss zur Arbeit?"

Doch dann begriff ich, dass ich bereits wach war und der Albtraum Realität war und immer noch weiterging.

Das Warten zermürbte mich und ich versuchte, wieder zu schlafen. Leider ohne Erfolg! Ich nahm ein Buch in die Hand und begann darin zu lesen, aber nach der dritten Seite merkte ich, dass ich überhaupt nicht mitbekam, was ich da las. Ich konnte mich nicht konzentrieren, da in meinem Kopf alles voll von Angst und düsteren Gedanken war. Ich legte das Buch wieder weg. Die Zeit zog sich dahin wie eine zähe Gummiwurst und sie wollte einfach nicht vergehen. In solchen Augenblicken versteht man, dass Zeit relativ ist. Albert Einstein drückte diesen Umstand treffend in den Worten aus:

„Wenn man zwei Stunden lang mit einem netten Mädchen zusammensitzt, meint man, es wäre eine Minute. Sitzt man jedoch eine Minute auf einem heißen Ofen, meint man, es wären zwei Stunden. Das ist Relativität."

Nachdem eine gefühlte Ewigkeit verstrichen war, kam endlich ein Pfleger ins Zimmer und rief meinen Namen. Er brachte mich in den OP und der Narkosearzt sagte „Gute Nacht" und mein „Film" war aus.

Als ich wieder zu mir kam, fragte ich mich: „Wo bin ich? Wo ist meine Familie?" Wieder stieg Panik in mir auf. Ich rief die Namen meiner Liebsten, doch niemand hörte mich! Nur eine leise Stimme drang schwach aus dem Hintergrund zu mir durch: „Beruhigen Sie sich, es ist alles vorbei!"

Als ich wieder in meinem Zimmer lag, war es schon Zeit für das Mittagessen. Ich hätte Lust auf einen ordentlichen Schweinsbraten mit Semmelknödeln gehabt, aber stattdessen musste ich mich mit drei Kugeln Eis begnügen. Es war nicht gerade das Essen, was man sich für eine gute Mittagsmahlzeit erhofft.

Doch es war immerhin besser als gar nichts und es sollte angeblich gut für die Wunden sein, die Heilung beschleunigen und die Schmerzen nehmen. „Welche Schmerzen?", fragte ich mich. Ich hatte zu diesem Zeitpunkt keine Schmerzen. Ich dachte mir: „Na gut, die werden es schon wissen", und verzehrte mein Eis. Einige Zeit später kam ein Arzt in mein Zimmer und stellte sich mir als mein Operateur vor. Sein Blick war auf meine Krankenakte fixiert und er wirkte irgendwie nervös. „Wieder kein gutes Zeichen?!", schoss es mir durch den Kopf.

Dann schaffte er es doch noch, seinen Blick von meiner Akte zu lösen und einen halbwegs vernünftigen Blickkontakt mit mir herzustellen. „Wir haben zwar noch kein endgültiges Ergebnis, aber der sogenannte „Kaltschnitt" während der OP hat unsere Vermutung bestätigt. Sie haben definitiv Krebs!"

Doch auch dieses Mal schwang nicht der leiseste Hauch von Empathie in seiner Stimme mit und er tat mir diese Nachricht kund, als würde er über das Wetter reden.

Ich sah aus dem Fenster. Draußen schien die Sonne, doch das helle Strahlen war trügerisch und brachte keine Wärme mit sich. Es zwitscherten keine fröhlichen Vögel, die eine Botschaft der Hoffnung brachten. Es war eisig kalt und stumm. Es war Winter. Ich hörte einmal davon, dass man sich in solchen Momenten die eine, alles begründende Frage stellt, die da lautet: „Warum ich?!" Doch niemand wusste darauf wohl je eine Antwort und genauso wenig konnte ich eine finden. Doch es fiel mir schwer, zu glauben, dass es so weit gekommen war. Mein Leben sollte eigentlich einen anderen Verlauf nehmen. Für so etwas wie Krebs war kein Platz vorgesehen. Kurz dachte ich: „Vielleicht ignoriere ich ihn und er verschwindet einfach. Das ist sicher eine gute Taktik!"

Bald war Besuchszeit und ich freute mich wie ein kleiner Junge, der lange nicht zuhause war, nun endlich seine Lieben wiedersehen zu können und in die Arme zu schließen. Vorerst war ich gerettet. Nun hatte ich endlich jemanden, mit dem ich reden konnte und den es vor allem auch interessierte, wie es mir wirklich ging. Kein kaltherziger Arzt, der mir nur eine Hiobsbotschaft an den Kopf wirft und dann sofort den Raum verlässt. Jetzt hatte ich meine gütige Frau an meiner Seite. Sie nahm mich in den Arm und gab mir einen zärtlichen und liebevollen Kuss. „Es ist so schön, dich zu sehen, Jörg!", hauchte sie mir sanft in mein Ohr. Etwas Schöneres habe ich wohl nie gehört! Ich war gerettet und fühlte eine tiefe Erleichterung. Seelischer Beistand ist unbezahlbar in solchen Momenten der Angst und der Trostlosigkeit.

Sie bemerkte, dass ich mich nicht wohl fühlte und Angst hatte und versuchte, mich zu beruhigen: „Jörg, wir schaffen das! Wir halten alle zusammen und stehen das gemeinsam durch. Denk auch an deine Kinder und vor allem an deine kleine Tochter, die braucht dich noch."

Ich spürte wie eine kleine Welle der Kraft und Zuversicht durch mich hindurchfloss. „Ja, meine Kinder", dachte ich. „Sie hat Recht, Aufgeben ist einfach keine Option!"

Meine Tochter war zum damaligen Zeitpunkt gerade einmal vier Jahre alt und sie brauchte ihren Vater. Einen starken Vater, der kämpfte und nicht aufgab. Doch das war leichter gesagt als getan. Dennoch motivierte mich der Rückhalt meiner Familie sehr. Und als ich meiner Tochter in die Augen sah und ihre Liebe tief in meinem Herzen spürte, wollte ich alles dafür tun, um sie nicht zu enttäuschen. Es ist unfassbar, welche Kraft und Lebensfreude Kindern in diesem Alter innewohnen. Und ich hatte das Glück, als ihr Vater an dieser Kraft teilzuhaben und von ihr zu profitieren. Und doch, mein Kampf hatte gerade erst begonnen und ich wusste eines mit großer Sicherheit: Es würde nicht leicht werden, diesen Weg zu gehen! Und doch wollte ich die beschwerliche Reise auf mich nehmen.

Dann wurde ich aus dem Krankenhaus entlassen und ich bekam einen Folgetermin in drei Tagen, bei dem die weitere Vorgehensweise besprochen werden sollte. Mir erschien alles sehr unwirklich, surreal und ich verbrachte meine Zeit wie in Trance.

Als der Termin gekommen war, begleitete mich meine Frau ins Spital und ich wurde aufgerufen. Ein junger Oberarzt versuchte mir meine Lage zu erklären und wollte mir mitteilen, wie es voraussichtlich weiterginge. Plötzlich erschien ein älterer Oberarzt, vielleicht war es auch der Chefarzt, doch das war mir in diesem Moment ganz gleichgültig. Für mich war er nur ein weiterer desinteressierter Mensch in einem weißen Kittel.

Das Schnitzel schien ihm offensichtlich zu schmecken und kauend und schmatzend erklärte er mir, wie es um mich stand, mit der Bemerkung: „Ich will es so." Das Schnitzel war ihm wichtiger als sein Patient und das gab mir kein gutes Gefühl. Er offenbarte mir emotionslos und sachlich seine Pläne für meine weitere Behandlung und dann versuchte ich zu intervenieren: „Verzeihen Sie Herr Doktor, ich hätte noch ein paar Fragen zur weiteren Vorgehensweise."

Er warf mir einen kalten Blick zu und sagte: „Ich habe keine Zeit, ich muss jetzt essen und wie es ist, so ist es!" Er drehte sich um und verließ den Raum, ohne mich noch eines weiteren Blickes zu würdigen.

Ich fühlte mich einmal mehr hilflos und allein gelassen mit meiner Angst und all meinen Zweifeln. Eine Schwester griff zum Telefon und machte für mich die weiteren Termine aus. In zwei Tagen sollte ich eine PEG-Sonde bekommen und in einer guten Woche war ein Termin zur Vorstellung bei der Bestrahlung vorgesehen. Ich hatte keine Ahnung, was eine PEG-Sonde war, und die Schwester und der junge Arzt versuchten, uns kurz und bündig über alles aufzuklären.

Doch diese Aufklärungsversuche zeigten keine Wirkung und ich verstand überhaupt nichts mehr. Mein Gehirn hatte abgeschaltet. Wieder machte sich die Angst in mir breit. Wie ein dunkler und schwerer Schatten kroch sie in meine Seele und drohte mir die Sicht auf Zuversicht und Hoffnung zu versperren.

Als wir wieder zuhause waren, gab es lange Gespräche zwischen meiner Frau und mir. Wir versuchten, mit Hilfe des Internets alle ausstehenden Fragen zu klären. Doch ob die Antworten, die wir auf diesem Wege fanden, richtig waren, wussten wir nicht.

Schließlich einigten wir uns darauf, dass es vernünftig wäre, wenn ich mir eine zweite Meinung einholte. Es blieben einfach zu viele Fragen offen und zu viele Dinge ungeklärt. Daraufhin sagte ich alle Termine im Krankenhaus ab.

In der darauffolgenden Zeit lief das Internet bei uns zuhause heiß und ich durchforstete alle Ecken und Winkel des

„World Wide Web" nach Antworten auf meine brennenden Fragen. Endlich nach einer langen Suche fanden wir scheinbar einen Spezialisten für mein Problem. Ich rief ihn an und er klang recht vernünftig und machte einen seriösen Eindruck. Er beruhigte mich und versprach mir, dass alles nur halb so schlimm sei: „Ich kann Ihnen ohne großen Aufwand helfen, Herr Günthör!"

Das beruhigte mich und ich war erleichtert. „Endlich ein vernünftiger Arzt!", dachte ich mir.

Wie wir es bereits erwartet hatten, war der scheinbare Spezialist kein Kassenarzt, man musste privat bezahlen, aber das war mir in diesem Moment egal. Qualität hat schließlich ihren Preis!

Meine Frau und ich konnten es kaum erwarten und fuhren voller Neugier zu unserem ersten Termin. Der Arzt schien den ersten guten Eindruck, den wir von ihm hatten, zu bestätigen. Seine Qualifikationen und Referenzen waren großartig, obwohl er noch sehr jung für einen erfahrenen Arzt war.

Doch wir waren so voller positiver Erwartungen, dass wir keinen Verdacht ob der Kompetenzen des Arztes schöpften.

Er begrüßte uns freundlich und fing dann sofort an zu sprechen. Nach der „Untersuchung" hatte ich das Gefühl, dass es wirklich nicht so schlimm um mich stand, wie ich zuvor angenommen hatte. Ich war erleichtert und das erste Mal seit vielen Tagen schöpfte ich wieder Hoffnung. Auch dieser Arzt musste eine Biopsie vornehmen, um eine sichere Diagnose zu stellen, und auch diese Behandlung musste ich aus eigener

Tasche bezahlen. Doch für meine Heilung war ich bereit, meinen finanziellen Beitrag zu leisten.

Das Ganze sollte in einer Privatklinik in Wien durchgeführt werden. Ich stellte mich dort vor und wurde wie in einem 5-Sterne-Hotel behandelt. Das fühlte sich sehr viel angenehmer an als im Spital mit den kaltherzigen und desinteressierten Ärzten! Ich checkte um 8 Uhr Vormittag ein und sollte nüchtern sein, da die Operation noch am selben Vormittag stattfinden sollte. Leider verging der halbe Tag ohne die versprochene OP und sie fand dann erst um 19 Uhr statt.

Die folgende Nacht verbrachte ich auf der Aufwachstation mit anderen Frisch-Operierten. An Schlafen war überhaupt nicht zu denken, denn die anderen Patienten stöhnten oder gaben sonstige störende Geräusche von sich. Es war immer etwas los und so fand ich keine Ruhe.

Am nächsten Morgen wurde ich auf mein Zimmer verlegt und fieberte schon ungeduldig dem Termin mit meinem Arzt entgegen, in der Hoffnung auf positive Nachrichten. Ich wartete und wartete, doch der Arzt tauchte nicht auf und ich wurde immer ungeduldiger. Erst gegen 18 Uhr erschien er und teilte mir seine Einschätzung meiner gesundheitlichen Situation mit: „Herr Günthör, bei den Kaltschnitten haben wir nicht wirklich etwas gefunden, es scheint alles in Ordnung zu sein."

Ich war überglücklich! Endlich eine frohe Botschaft! Ich fuhr nach Hause und war sehr erleichtert. Mir fiel ein Stein vom Herzen und ich kann gar nicht beschreiben, wie froh ich war, da jetzt alles danach aussah, als ob ich doch keinen Krebs hätte. Drei Tage später hatte ich einen Termin bei diesem Arzt in seiner Privatordination.

Als der besagte Tag da war, fuhr ich mit meiner Frau dorthin. Entspannt betraten wir die Ordination. In meinen Augen hatte ich nichts mehr zu befürchten.

Der Arzt begrüßte uns gewohnt freundlich und fing an zu erklären: „Das Ergebnis des Pathologen ist leider noch nicht da, aber er hat bereits eine telefonische Stellungnahme abgegeben. Herr Günthör, es scheint doch so, dass der Krebs relativ stark ausgeprägt ist!"

Daraufhin folgte eine sehr plastische Erklärung, was im weiteren Verlauf auf mich zukommen würde. Meine Hoffnung schmolz dahin, wie ein Eiswürfel an einem heißen Sommertag. Ich fühlte mich massiv verunsichert ob der widersprüchlichen Aussagen des Arztes. Zuerst hieß es, alles wäre in Ordnung und jetzt schien doch das genaue Gegenteil davon der Wahrheit zu entsprechen. Ich bin kein Arzt, aber trotzdem beschlich mich das ungute Gefühl, dass ich über den Tisch gezogen wurde.

Der Arzt erklärt mir weiter: „Sie haben zwar nicht unendlich viel Zeit, aber Sie können sich alles in Ruhe durch den Kopf gehen lassen und dann eine Entscheidung treffen."

„Ja, das werde ich tun!", gab ich mit brüchiger Stimme zurück. „Aber wenn ich ins Spital muss, dann bitte in der Nähe meines Wohnortes."

„Das würde sich sicher einrichten lassen, Herr Günthör!", erklärte der Arzt und versuchte, mir ein beruhigendes Lächeln zu schenken. Doch ich war alles andere, nur nicht beruhigt.

Damit verabschiedeten wir uns und ich war wieder meiner zermürbenden Ungewissheit ausgeliefert. Ich besuchte daraufhin noch einmal einen anderen HNO-Arzt in meiner Heimatstadt, aber das Ergebnis blieb leider unverändert. „Was soll ich nur tun?", fragte ich mich oft. „Welcher Weg ist der richtige für mich?"

In den darauffolgenden Monaten verließ ich mich hauptsächlich auf alternative Heilmethoden und ich gab eine Menge Geld dafür aus, getrieben von der Hoffnung wieder gesund zu werden und mein altes Leben zurückzubekommen.

Sechs Monate nach der zweiten Krebsdiagnose in der Privatklinik hatte ich einen Termin zur MRT-Kontrolle. Trotz der Tragik der ganzen Situation war dies eine amüsante Geschichte. Ich lag auf dem Behandlungsschlitten und wartete darauf, dass es losging. Die MTF betrat den Raum und versuchte, mir einen Venenkatheter zu legen. Es funktionierte aber nicht. Auch ein zweiter Versuch war nicht erfolgreich. Also zog sie eine Ärztin hinzu. Auch die Ärztin probierte es zwei Mal. Doch sie hatte genauso wenig Erfolg, wie ihre Vorgängerin. Im Befund stand später: „Nach vier frustranen Versuchen dem Patienten einen Venenkatheter zu legen, wurde die Untersuchung ohne Kontrastmittel durchgeführt."

Drei Tage später lag auch schon das Ergebnis vor: „Es konnten keine verdächtigen Zellen entdeckt werden."

Die ganze Zeit bis zu dieser Untersuchung setzte ich auf diverse alternative Heilmethoden und nahm brav meine mir verordneten Kuren zu mir. Und jetzt schien es gerade so, als hätten sich meine Mühen ausgezahlt. „Super! Offensichtlich hat es doch funktioniert!"

In der Zwischenzeit entdeckten wir auch einen anderen HNO-Arzt, der mit Hilfe von speziellen chinesischen und alternativen Mitteln Infusionen anbot, für den Fall, dass mein Krebs doch noch vorhanden sein sollte.

Damit wollte er alles in Schach halten und mich auf lange Sicht vielleicht sogar heilen. Es war an sich eine erhebende Aussicht mit einer hoffnungsvollen und Mut machenden Perspektive. Ich willigte ein, mit den besagten Infusionen zu beginnen. Die Sache hatte aber einen Nachteil: Es kam zu unerwarteten Nebenwirkungen und ich entwickelte eine Polyneuropathie aufgrund der Infusionen. Das war erneut ein „Unwort", welches mir anfangs überhaupt nichts sagte. Die Abkürzung für diese Nervenerkrankung lautete „PNP". Dabei werden die Nervenbahnen in den Füßen beeinträchtigt und das Gefühl verschwindet. Es fühlte sich so an, als wären meine Füße dauerhaft „eingeschlafen". Aber der Arzt beruhigte mich und meinte, dass der ganze Spuk spätestens nach einem halben Jahr ein Ende finden würde.

Doch leider war dem nicht so und heute weiß ich, dass meine Füße irreparabel geschädigt sind und ich diese PNP nicht mehr loswerde. Wegen der Polyneuropathie leide ich heute noch unter Einschränkungen hinsichtlich meiner

Bewegungsfreiheit. Ich kann weder eislaufen noch Schifahren. Radfahren geht zwar, aber auch nicht so, wie es vor der Polyneuropathie war. Ich habe heute noch Schäden wegen der Infusionen des „Mediziners", der mir Heilung versprach, aber schließlich noch mehr Krankheit in mein Leben brachte.

Während dieser ganzen Zeit gab es nur einen beständigen Faktor: meine Familie! Meine Frau und meine Kinder versuchten alles, um mich aufzuheitern und mir positive Gedanken zu vermitteln. Ich glaube, wenn meine Familie nicht mein Rückhalt gewesen wäre, hätte ich sicher irgendwann einfach aufgegeben. Ich weiß nicht, ob ich es allein geschafft hätte, mich immer wieder aufzurichten und weiterzukämpfen.

Im Sommer hatte ich ein ganz besonderes Highlight. Unsere Silberne Hochzeit. Ein Großereignis mit einer Long-Limousine, Musik, Tanz und einigen Leuten. Es hat mir wieder gezeigt, wie wichtig eine Familie, deren Rückhalt und Liebe ist. Ich liebe sie alle! Es war ein äußerst bewegender Moment in der Kirche, bei dem ich meiner Frau ein zweites Mal den Ring an den Finger steckte und unser Ehegelöbnis erneuerte. Meine Kinder sahen zu und lernten daraus, was ihnen die Eltern vorlebten. Es war ein wunderschöner Abend!

Doch zurück zu meiner Geschichte, zu meinem Weg, den ich nach der ersten Diagnose einschlug. Ich setzte also nach wie vor auf alternative Heilmethoden. Ich möchte nicht sagen, dass diese durchweg schlecht sind, aber wenn ich ehrlich bin, muss ich zugeben, dass auch einige Scharlatane darunter waren, die mir entweder nicht helfen wollten oder es schlichtweg nicht konnten. Wenn ich heute auf diese Zeit zurückblicke, dann muss ich mir eingestehen, dass ich einen Fehler machte. Ich hätte der Schulmedizin mehr Vertrauen schenken und die Termine wahrnehmen sollen. Die alternativen Methoden will ich nicht komplett verteufeln und sie helfen mir auch heute noch, um mein Leiden zu lindern und es erträglicher zu machen. Doch sich komplett auf diese Heilformen zu verlassen und die Schulmedizin dabei auszublenden ist in meinen Augen ein äußerst waghalsiges Unterfangen.

Aufgrund meiner schlechten Erfahrungen mit den Ärzten verlor ich jedoch all mein Vertrauen in die Schulmedizin und deswegen wartete ich zu lange und es wurde immer schlimmer! Wären mir die Ärzte mit ein wenig mehr Empathie und Verständnis begegnet, hätte die ganze Sache vielleicht einen anderen Verlauf genommen. Aber es ist wie es ist. „Was wäre passiert, wenn ...?" Sich diese Frage zu stellen bringt niemanden weiter. Und trotzdem ist es wichtig für mich, mir die Qualen von der Seele zu schreiben.

In meinen Augen war der Arzt eigentlich schuld daran, aber das musste ich als Betroffener erst einmal kapieren. Es kostete mich jahrelange Arbeit, bis ich es schaffte, meine Schuldgefühle zu überwinden. Das war ein harter Kampf mit mir selbst! Besonders meine Therapeutinnen halfen mir bei diesem schwierigen und langwierigen Prozess. Es verlangte mir viel ab und auch heute noch sind meine Schuldgefühle nicht vollständig beseitigt. Allerdings würde ich sagen, dass ich mich diesbezüglich auf einem sehr guten Weg befinde. Schuld ist ein schlimmes Gefühl, welches lähmen kann, jede weitere positive Entwicklung erschwert und sich auch negativ auf eine mögliche Heilung auswirkt. Umso wichtiger war es für mich, dass ich mir für diesen schweren Weg Unterstützung suchte und in meinen kompetenten Therapeutinnen auch fand. Es ist keine Schande sich Hilfe zu holen! Im Gegenteil, es erfordert großen Mut, sich selbst und anderen gegenüber einzugestehen, dass man seine Probleme allein nicht bewältigen kann.

Ich kann nur allen Betroffenen raten, sich alle nur mögliche Unterstützung und Hilfe zuzugestehen, wenn sie mit einer ähnlich schrecklichen Diagnose leben müssen!

Damals nach der ersten Diagnose verdrängte ich, dass der Krebs immer schlimmer wurde. Ich wollte es einfach nicht wahrhaben!

Der unsensible Oberarzt sagte mir nur, was ich machen sollte, aber es wurde mir nichts erklärt, weshalb und warum ich etwas tun sollte. Ich wurde allein gelassen. Normalerweise erfährt man so etwas auch auf seinem Zimmer, aber mir wurde es in einem Abstellraum mitgeteilt, zwischen Tür und Angel!

Dies allein war für mich der Grund, warum ich auf andere Art und Weise, außerhalb der Schulmedizin, meine Krankheit zu bekämpfen versuchte. Ich klammerte mich an jeden Strohhalm, alles, was ich fand, jeden noch so kleinen Hoffnungsschimmer.

Der unsensible Umgang der Ärzte mit meiner Erkrankung trieb mich letztlich in die Arme der Scharlatane.

Doch mehr und mehr verschlechterte sich mein Zustand und ich merkte, dass ich mich auf dem Holzweg befand. „Was sollte ich nur tun? Sollte ich mich doch wieder in die Obhut der Schulmedizin begeben, mit der ich doch so schlechte Erfahrungen machte?"

Langsam musste ich mir eingestehen, dass die ganzen alternativen „Heilmethoden" letzten Endes doch keine wirkliche Heilung brachten, davor konnte ich nun nicht mehr länger meine Augen verschließen.

Es war zwar verständlich, dass ich so handelte, nach den traumatischen Erfahrungen mit den lieblosen Ärzten im Spital in meiner Heimatstadt, aber was wäre, wenn die Schulmedizin meine letzte Rettung sein könnte?

Solche Gedanken bewegten mich und machten mir das Leben nicht gerade einfacher. Irgendetwas musste sich verändern, wenn ich den Kampf um mein Leben und um das Weiterleben mit meiner Familie noch nicht aufgeben wollte. Und eines stand für mich fest: Ich würde so lange kämpfen, bis ich entweder als Verlierer oder als Sieger vom Platz gehen würde. Dazwischen gab es für mich nichts! Ich wollte mir nicht vorwerfen müssen, nicht wirklich alles gegeben und all meine Kräfte in meine Gesundung investiert zu haben, für mich selbst und für meine liebe Familie, die mich brauchte und auf mich zählte. Und nicht zuletzt auch für meine kleine Tochter, die einen Vater brauchte, der sie aufzog.

Als ich langsam gewahr wurde, dass sich mein Krebs nicht wirklich verbesserte, dachte ich das erste Mal seit der

Diagnose auch ganz bewusst über das Sterben nach. Es gibt eine Musikgruppe namens „No Mercy" und in einem ihrer Lieder heißt es: *„When I die, I keep on living ..."*

Ich bin ein Mensch, für den Musik sehr wichtig ist und ich orientiere mich oft an den Aussagen bestimmter Songs.

Dieses Lied war wegweisend für mich, denn ich war nahe daran zu sterben, aber ich wusste, wenn ich sterbe, dann werde ich weiterleben ... Vielleicht ist es in solchen Momenten wichtig für einen todkranken Menschen, sich mit der Möglichkeit des Sterbens auseinanderzusetzen, damit man sich auch für diesen allerletzten „Ausweg" gerüstet fühlt. Es half mir, zu wissen, dass der physische Tod nicht mein endgültiges Ende bedeuten würde, und doch war ich noch nicht bereit, für immer von dieser wunderschönen Welt zu gehen und meine Familie allein zurückzulassen.

Solange ich noch irgendeinen Strohhalm fand, an dem ich mich festklammern konnte, wollte ich dies auch tun, und sei dieser Halm auch noch so klein und dünn ...

Vorerst war mein Kampf auf dieser schönen Welt noch nicht zu Ende.

Und ich wappnete mich für das, was mir bevorstand ...

Kapitel 3: Der Realität ins Auge blicken

„Unsere Zweifel sind Verräter und häufig die Ursache für den Verlust von Dingen, die wir gewinnen könnten, scheuten wir nicht den Versuch."
William Shakespeare

Der Winter verging und der Frühling zog ins Land. Normalerweise ist er der Bote der Hoffnung und bedeutet das Wiedererwachen des neuen Lebens. Und vielleicht war es bei mir auch so, aber nicht in einer leichten und schönen Weise, so wie man es sich nur wünschen würde. Mein Krebs war immer schlimmer geworden und leider nicht verschwunden, so wie ich es mir erhofft hatte und wie es mir viele „Mediziner" aus dem alternativen Bereich versprachen. Ich musste den Tatsachen ins Auge blicken und mich meinem Leben stellen, der Wahrheit, die mir unmissverständlich ins Gesicht schrie: „Jörg, du musst etwas tun! Du musst dich wieder in die Hände der Schulmedizin begeben, sonst wirst du es nicht überleben."

Mit dieser Einsicht meldete ich mich in einem anderen Krankenhaus, um mich untersuchen zu lassen.

Das war im Mai des Jahres 2018. Ein neuer Lebensabschnitt begann für mich und ich hatte das Schlimmste noch vor mir ...

Eigentlich ist meine Art des Krebses sehr gut behandelbar, aber auch nur „eigentlich". In meinem Fall wartete ich zu lange und als ich erneut im Krankenhaus untersucht wurde, erfuhr ich, dass mein Krebs „explodiert" war – ein sogenanntes 4-Etagen-Karzinom im Mundboden und der Zunge. Der Krebs war weiter fortgeschritten als ich gedacht und gehofft hatte.

Die Ärzte sagten damals zu mir: „Herr Günthör, Sie bekommen ein Tracheostoma und eine PEG-Sonde." Ich verstand erst einmal nur Bahnhof und mir war bis zu diesem Zeitpunkt nicht ansatzweise klar, was auf mich zukommen würde. Ein Tracheostoma ist eine künstliche Öffnung an der Luftröhre (= Trachea), die durch eine Operation hergestellt wird. Daran angelegt wird meist eine Kanüle, die das Atmen entweder unterstützt oder ermöglicht. Ein Tracheostoma kommt häufig bei Beatmungspatienten im intensivmedizinischen Bereich zum Einsatz. Oder in diesem Fall bei mir, Jörg Günthör.

Die PEG-Sonde ist eine Möglichkeit der künstlichen Ernährung. Der Begriff PEG bedeutet „perkutan endoskopische Gastrostomie." Dabei wird der Zugang von außen durch die Bauchdecke in den Magen gelegt. Die perkutane endoskopische Gastrostomie ist ein endoskopisch angelegter künstlicher Zugang von außen durch die Bauchdecke in den Magen oder – bei einer perkutanen endoskopischen Jejunostomie – in den Dünndarm. Durch diesen Zugang kann ein elastischer Kunststoffschlauch gelegt werden.

„Na, dann Prost Mahlzeit!", dachte ich mir, als ich nach und nach erfuhr, was die Ärzte mit mir vorhatten. Und doch wusste ich auch nach der ärztlichen Aufklärung noch lange nicht, was

49

diese medizinischen Eingriffe später für mein Leben im Alltag bedeuten würden. Das musste ich später noch äußerst schmerzhaft und tragisch in Erfahrung bringen.

Als der Tag der OP kam, wartete ich, bis ich abgeholt und in den Operationssaal gebracht wurde. Ich war nervös und wurde auf eine Liege verfrachtet und in den Saal geschoben. Doch trotz meiner Ängste, trotz der Ungewissheit, der ich entgegensah, hatte ich doch auch einen kleinen Funken Hoffnung in mir und das Gefühl, dass ich nun endlich das Richtige tat, nachdem ich eine lange Zeit auf Irrwegen ging.

Es war richtig, mich wieder in die Hände der Schulmedizin zu begeben, und es war richtig, mich jetzt diesem Eingriff zu unterziehen. Ich kann mich noch so gut daran erinnern, als wäre es gestern gewesen. „Schwester Irina, ich bin Ihre OP-Schwester", stellte sich eine nette Krankenschwester bei mir vor. „Der Herr Oberarzt kommt gleich. Ich gebe Ihnen einen Vorhang vor Ihr Gesicht, damit sie die Operation nicht sehen können."

Ich musste schlucken. „Nichts sehen?", fragte ich etwas beängstigt. „Ich dachte, ich schlafe während der OP!"

Plötzlich kam der Oberarzt hinzu und teilte mir mit: „Ich gebe Ihnen nun eine Spritze, Herr Günthör, damit Sie nichts spüren. Es sticht ein wenig, erschrecken Sie nicht." Der ganze Eingriff erfolgte nur unter örtlicher Betäubung.

Dann setzte der Arzt den ersten Schnitt, ich spürte nur den Druck ... und ... das Blut, welches an meinen Schultern herablief. Ich war bei vollem Bewusstsein und hörte, wie der leitende Chirurg wahrscheinlich einem Assistenzarzt erklärte: „Ich hörte, da ist die Luftröhre ...“

Die gesamte Situation war surreal und plötzlich, beim Einführen des Tracheostomas, bekam ich keine Luft mehr und dachte mir: „Hilfe, ich ersticke!"

Doch es schien mich niemand zu hören, ich war auf dem Operationstisch festgebunden und konnte mich weder äußern noch zur Wehr setzen. Ich hörte endlich: „So Herr Günthör, schlafen Sie gut!" Dann ging das Licht aus und ich hatte einen Filmriss ...

Das Nächste, woran ich mich erinnern kann, war der Moment, als ich langsam wieder zu mir kam. Rund um mich herum waren viele Betten und ein Haufen Leute in grünen Gewändern. Ich brauchte einige Zeit, um mich wieder zu besinnen und zu begreifen, wo ich war.

Einer der „Grüngewandeten" ging auf mich zu und sagte: „Wie geht es Ihnen? Passt eh alles, oder? Und wie steht's mit den Schmerzen?"

Als ich ihm antworten wollte, merkte ich zu meinem Entsetzen, dass ich keinen einzigen Laut hervorbringen konnte. Ich war stumm und konnte mich nicht mitteilen. Ich konnte nicht einmal schreien, obwohl mir danach zumute gewesen wäre.

Dann erinnerte ich mich an das Tracheostoma und nahm wahr, dass diesem einige leise Luftgeräusche entwichen, als ich versuchte zu sprechen.

Ich wollte den Pfleger aber nicht ohne Antwort stehen lassen und so zeigte ich mit meinem Daumen nach oben, um ihm anzudeuten, dass es mir zumindest körperlich gut ging.

Als ich auf meinem Zimmer angelangt war, kam sofort wieder ein Pfleger herein und fragte mich, wie es mir ging und ob ich noch etwas brauchen würde. Ich schüttelte meinen Kopf, um seine Frage zu verneinen. Immerhin wurde jetzt anscheinend Wert auf mein Befinden gelegt, und ich musste nicht wieder diese schrecklichen Erfahrungen mit der Gleichgültigkeit und Herzenskälte der Ärzte machen.

Dann hatte ich das erste Mal Zeit, um über meine Situation nachzudenken: „Wie soll es jetzt weitergehen? Ich kann nicht sprechen! Werde ich jemals wieder ganz gesund?"

Diese Gedanken drängten sich in mein Bewusstsein, doch ich wusste keine Antwort, zumindest keine, die mich beruhigt und mir meine Angst genommen hätte.

Um mich zu verständigen, benötigte ich Hilfsmittel. Ein Bleistift und ein Zettel erfüllten ihren Zweck. Damit konnte ich meiner Umwelt zumindest meine Bedürfnisse und Gedanken mitteilen, auch wenn so keine komplexen Gespräche möglich waren. Es war mühsam und nicht das Gleiche, wie sich unkompliziert in einer mündlichen Art und Weise zu artikulieren. Aber es half nichts, ich musste in diesen Momenten damit umgehen und mit dem vorliebnehmen, was mir an Möglichkeiten zur Verfügung stand.

Plötzlich überfiel mich ein heftiger Hustenkrampf. Wie aus dem Nichts heraus brach er über mich herein und ich konnte nicht mehr aufhören, zu husten. Nach einer gefühlten Ewigkeit kam endlich ein Pfleger herein und ich fühlte mich etwas erleichtert.

Doch seine Aussage holte mich gleich wieder zurück, auf den Boden der Tatsachen: „Neben Ihnen steht ein Sauger, ich zeige Ihnen, wie er funktioniert. Mit ihm können Sie den Schleim absaugen, der Sie reizt und den Hustenkrampf ausgelöst hat."

Er kam mit einem dünnen Schlauch auf mich zu und fuhr mir damit in den Hals, um mit dem Saugvorgang zu beginnen. Kurzfristig stellte dies eine Erleichterung dar. 20 Minuten später schüttelte mich erneut ein Hustenkrampf und ich brauchte wieder den Sauger. Und so ging es auch weiter.

Gegen Abend wurde der Husten dann auf einen Schlag immer ärger, ich setzte mich auf und hoffte, dass es wieder besser werden würde, doch das wurde es nicht.

Es fühlte sich so an, als würde sich eine Schlinge um meinen Hals legen, die sich immer fester zuzieht und mir die Luft zum Atmen nimmt. Ich hatte Angst! Große Angst! Angst zu ersticken. So ein Gefühl wünsche ich niemandem, auch nicht meinem ärgsten Feind.

Ich drückte den Knopf, um nach einer Schwester zu rufen. Kurz darauf betrat sie mein Zimmer und als sie mich sah, rief sie sofort eine Ärztin herbei. Ich versuchte, währenddessen meine Panik in Schach zu halten, doch es gelang mir eher schlecht als recht. Ich bekam noch mit, dass sich alle um mich herum doppelt so schnell bewegten, als sonst. Neben mir lagen sterile Werkzeuge, die furchterregend aussahen und nicht gerade zu meiner Beruhigung beitrugen. Die Röhre, welche in meinem Hals steckte, zog die Ärztin heraus und fuhr mit einer Art Pinzette in meinen Hals. Im nächsten Moment zog sie mir einen langen Streifen Tüll heraus. Und ... ich ... bekam wieder Luft! Das war eine Erleichterung, die man wohl erst begreifen kann, wenn man einmal die Erfahrung gemacht hat, fast zu ersticken. Ich wusste aber nicht, was eben mit mir passierte, und versuchte, über Gesten eine Auskunft zu erbitten.

Die Ärztin erklärte mir den Sachverhalt: „Nach der OP wird eine spezielle Kanüle eingesetzt, um eventuelle Nachblutungen in den Griff zu bekommen. Ganz selten kann sich diese verstopfen. Und bei Ihnen ist es leider passiert, Herr Günthör."

Es hieß dann auch noch, dass ich in zwei Tagen eine andere Kanüle bekommen sollte, bei der so etwas nicht mehr vorkommen könnte. Diese derzeitige hatte einen speziellen Namen, eine sogenannte „gecuffte" Kanüle.

„Zumindest gibt es eine Aussicht auf Verbesserung", dachte ich mir. Doch für den Moment war der Husten mein regelmäßiger Begleiter. Die ganze Nacht über musste ich husten und fand zuerst weder Ruhe noch Schlaf. Nur wenn ich saß, ging es einigermaßen und deswegen schlief ich dann noch ein wenig im Sitzen. Das war nicht optimal, aber besser als überhaupt kein Schlaf.

Als der nächste Morgen anbrach, ging es mir etwas besser, doch ich sollte gleich wieder meine nächste Operation erleben.

Bei dieser OP wurde mir die PEG-Sonde eingesetzt und glücklicherweise verlief sie ohne Komplikationen.

Als ich wieder aus der Sedierung aufwachte, warf ich zuerst einen vorsichtigen Blick auf das „Ding" in meinem Bauch. „Gewöhnungsbedürftig" dachte ich bei mir, aber was sollte ich machen. Es war eben notwendig in meiner Situation. Als ich dann wieder in meinem Zimmer war, wurde ich sofort vom Pflegepersonal eingeschult und über den Umgang mit der Magensonde aufgeklärt. Dann bekam ich mein erstes „Essen" über die Sonde. Es war nicht unbedingt das, was man sich unter einer deftigen Mahlzeit vorstellt, obwohl es den Hunger auch stillte, aber leider nicht die Sehnsucht nach Geschmack im Mund und einem vollen Magen mit einer echten warmen Mahlzeit darin.

Am Nachmittag entnahmen sie endlich die gecuffte Kanüle und ich erhielt eine normale. Schlagartig wurde mein Husten besser und ich war sehr erleichtert. Endlich! Aber da ich nicht sprechen konnte, war es nicht leicht, meine positive Erfahrung mit jemandem zu teilen. Immerhin konnte ich meiner Frau eine Whatsapp-Nachricht schicken und sie freute sich sehr über die Verbesserung meines Zustands.

Es ging mir also den Umständen entsprechend „gut".

Am Tag darauf kam ein Pfleger in mein Zimmer und sagte zu mir: „So Herr Günthör, ab ins Bad, ich zeige Ihnen den Umgang mit der Kanüle. Sie müssen lernen, sie selbst zu wechseln und zu reinigen, und einmal in der Woche muss eine neue Kanüle eingesetzt werden."

Panik stieg in mir auf. „Wie soll ich das Schaffen?", dachte ich mir. „Das bringe ich doch nie zustande!"

Doch der Pfleger beharrte darauf, dass ich es lernen musste, und er brachte es mir vor dem Spiegel bei, damit ich alles genau beobachten konnte.

Ich entfernte an diesem Tag das erste Mal die Kanüle eigenständig und blickte in ein schwarzes Loch in meinem Hals. Ein ungutes Gefühl regte sich in mir und Angst stieg in mir auf. Düstere Gedanken schossen mir durch den Kopf: „Das soll in Zukunft immer so sein? Ich will das nicht! Ich möchte, dass mein Hals wieder so ist, wie er vorher war."

An diesem Punkt war es mir unmöglich, diesen neuen Umstand zu akzeptieren und in mein Leben zu integrieren. Ich war doch immer ein gesunder und lebensfroher Mensch gewesen! Das konnte doch nicht sein! Und doch, die Realität zeigte mir etwas anderes und die gegebenen Umstände schienen das Gegenteil von meinen Wünschen zu bezeugen.

Fünf Tage später bekam ich das komplette Material für meine Kanülen und ich durfte endlich nach Hause gehen. Ich freute mich auf mein Heim und vor allem auf meine Frau und meine Kinder. Die Vorfreude tat mir gut und sie konnte zeitweise sogar das Unbehagen überdecken, welches mich vorher aufgrund der Ungewissheit beschlich. Bevor ich das Krankenhaus verließ, wurde noch ein Termin für meine Bestrahlung ausgemacht.

Jetzt war ich also wieder in den Händen der Schulmedizin und ich hoffte inständig, dass es dieses Mal eine gute

Entscheidung war. Mir blieb auch nichts anderes übrig, und wohl oder übel musste ich mich in die gegebenen Umstände fügen. Das war alles andere als leicht und forderte meine ganze Kraft.

Doch meine Familie und die Aussicht darauf, wieder ein halbwegs normales Leben im Kreis meiner Lieben führen zu können, gaben mir Hoffnung und Antrieb.

Es tat gut, als ich wieder zuhause war, obwohl es auch nicht ganz leicht für mich war und für meine Familie sicher auch nicht. Vor allem meine kleine Tochter verstand nicht ganz, warum der Papa plötzlich nicht mehr mit ihr sprechen konnte. Trotzdem freuten sich alle, dass ich wieder bei ihnen war, und ich freute mich noch mehr!

Einige Zeit später begleitete mich meine Frau zur Vorbereitung für die Bestrahlung und in mir wechselten sich Hoffnung, Zuversicht und Angst ab und diese Mischung bereitete mir Bauchschmerzen.

Ich wurde zum Arzt gerufen und dieser erklärte mir, was in den nächsten sieben Wochen auf mich zukommen würde. Ich sollte während des gesamten Zeitraums in der Onkologie bleiben.

„Herr Günthör, heute wird der Tumor vermessen und es wird eine Fixierungsmaske angepasst."

Ich war fast so weit, dass ich alles über mich ergehen ließ, aber ich hoffte dennoch, dass es schnell vorüberging. Die „Maskenbildner" warteten auf mich. Ich lag auf einer Liege und wurde genau ausgerichtet. Dann passten sie mir die Rohform der Maske, ein warmes Kunststoffgitter, an und zogen es mir über den Kopf. Anschließend wurde es links und rechts fixiert. Während es auskühlte, nahm es die Form meines Kopfes an. Zum Glück bin ich kein klaustrophobischer Mensch und so war die Prozedur im Ganzen recht erträglich für mich.

Danach durfte ich noch einmal nach Hause. Noch ein Wochenende, bevor meine Bestrahlung beginnen sollte. Es war das letzte Wochenende vor einem sehr großen Einschnitt in meinem Leben. Ich genoss die letzten Tage im Kreis meiner Familie und bereitete mich innerlich auf die bevorstehenden Wochen vor.

Dann kam der besagte Tag und ich musste wieder ins Krankenhaus. Ich war erstaunt, dass es in dieser Abteilung nur Zweibettzimmer gab und jedes Bett sogar seinen eigenen Fernseher hatte. Mein Bettnachbar hatte keinen Kehlkopf mehr, was mich durchaus erschreckte, aber ich war mittlerweile auch schon einiges gewöhnt und ich selbst war ja in einer ähnlichen Situation.

Aber bei diesem Krankenhaus war glücklicherweise alles anders als beim ersten Mal, bei meiner Diagnose. Die Ärzte, Schwestern und auch die Pfleger waren alle top und schwer in Ordnung. Ich fühlte mich gut aufgehoben und in den besten Händen. Sie legten eine Ruhe an den Tag, die einfach unvergleichlich war, und dass, obwohl wir keine einfache Belegschaft waren. Hier fühlte ich mich wohl und das war auch nötig, denn nur so konnte ich mein Vertrauen in die Schulmedizin Stück für Stück zurückgewinnen.

Dann hatte ich meine erste Strahlenbehandlung. Zumindest hatte ich dabei keine Schmerzen. Ich legte mich auf eine Liege und wurde genau ausgerichtet. Das Personal setzte mir meinen „Gesichtskäfig" auf und spannten ihn mit Schrauben nieder. Das war ein sehr eigenartiges Gefühl, es wirkte immer noch surreal, als ob es nicht zu mir und meinem Leben gehören würde. Und doch passierte es, es fand statt und ereignete sich direkt vor meinen Augen.

In Gedanken zählte ich die Sekunden und die Minuten. Mir wurde gesagt: „Keine Panik Herr Günthör, es dauert keine 10 Minuten."

Ich hatte Angst davor, dass ich wieder einen Hustenkrampf bekommen würde, denn es fing schon an in meinem Hals zu kratzen. Ich sollte die Hand heben, sobald ich Hilfe benötigte. Zu meiner Beruhigung wusste ich, dass ich während der Bestrahlung per Video beobachtet wurde. Trotzdem: Ich war ganz allein im Raum. Er war dicht abgeschottet. Ich fragte mich: „Was geschieht jetzt mit mir? Wie wirkt sich diese Bestrahlung auf mich aus?"

Man liest so viel darüber und auch ich hatte schon meine Informationen über diese Art der Behandlung gesammelt. Gesund war es sicher nicht für den Körper, aber wenn es gegen den Krebs half, war ich bereit dieses Risiko einzugehen.

Zunächst war ich aber noch recht skeptisch. Ich hatte in diesem Moment auch wieder sehr düsteren Gedanken: „Und wenn es nicht hilft? War es das jetzt mit mir?" Ich versuchte, sie beiseitezuschieben und an etwas Schönes zu denken. „Stell dir deine Tochter vor, Jörg!", sagte meine Frau einmal zu mir. Ich versuchte es, doch es wollte nicht klappen. Ein Ungetüm von einer Maschine fuhr immer wieder über meinen Kopf hinweg und machte ganz komische Geräusche. Dabei war es gar nicht so leicht, an schöne Dinge zu denken, denn der Lärm lenkte mich ab. Auch die Luft war seltsam und sehr trocken. „Wahrscheinlich ist es die Klimaanlage", dachte ich und ich mochte es überhaupt nicht. Ein erneuter Hustenreiz kündigte sich an, aber der Anfall blieb Gott sei Dank aus. Dann ... endlich ... kam jemand herein und erlöste mich: „Vorbei, Herr Günthör, wir befreien sie!"

Diese wenigen Minuten fühlten sich an wie eine Ewigkeit und ich dachte, dass Albert Einstein recht hatte, wenn er meinte, die Zeit sei relativ.

Aber so hatte ich meine erste Bestrahlung hinter mich gebracht. Es blieben noch 34 übrig und ich musste weitere sechs Wochen und sechs Tage hierbleiben und mich der unangenehmen Behandlung unterziehen. Dieser „Berg" türmte sich vor mir auf und schien mir unbezwingbar. So groß und so furchteinflößend, doch es half nichts, ich musste da durch!

Als ich wieder auf dem Zimmer war, kam eine Schwester herein und lächelte mich an. Sie sagte: „Hallo Herr Günthör, ich bin eine von den Chemoschwestern. Sie sind am Donnerstag mit der Chemo dran."

Ich hätte lieber von ihr gehört: „Herr Günthör, Sie sind geheilt, der Krebs hat sich erstaunlicherweise zurückgebildet. Die Ärzte können es sich auch nicht erklären!"

Zumindest in meiner Vorstellung gab es diese Worte. Aber die Realität war leider eine andere.

Die Schwester erklärte mir, wie die Chemo funktionierte. Begleitend zur Bestrahlung sollte ich einmal in der Woche eine Chemotherapie bekommen, um den Tumor „aufzuweichen" und damit für die Bestrahlung anfälliger zu machen. Der Ablauf der systemischen Chemo, würde folgendermaßen aussehen:

Tag 1: 1 Liter NaCl iV (iV heißt intravenös)

Tag 2: Chemotherapie

Tag 3: Wieder 1 Liter NaCl iV zum Nachbereiten

Tag 4: Blutkontrolle mit einer zusätzlichen Nadel

Jede Nadel benötigte bei mir im Schnitt zwei Versuche und eine Nadel hielt maximal zwei Tage, also waren es pro Woche mindestens 3 Nadeln.

Bei meiner ersten Chemo wurde mir zum Glück nicht schlecht und auch sonst hatte ich keine Nebenwirkungen. Ich vertrug sie gut. Von einem anderen Patienten erfuhr ich, dass die Möglichkeit bestand, am Freitag nach der Bestrahlung nach Hause zu fahren und dann am Montagmorgen wiederzukommen. Endlich hatte ich wieder etwas, worauf ich mich freuen konnte, und in meiner Situation war dies Gold wert! Am Freitag bei der Visite fragte ich den Arzt: „Kann ich nach der Bestrahlung nach Hause über das Wochenende?" Er antwortete mir: „Sicher können Sie das, Herr Günthör." Ich war wahnsinnig erleichtert. Das half mir sehr! Es war wie die Aussicht auf eine Auszeit. Eine Pause vom tristen Krankenhausaufenthalt, wo es eben immer nur um das eine ging, um „Krankheit", wie der Name es schon sagt. Zuhause würden ein normales und gesundes Leben auf mich warten. Und ... die Liebe meiner Frau und die Vitalität meiner Kinder. Das war ein schöner Moment und er gab mir die nötige Kraft, um weiter durchzuhalten.

An dieser Stelle möchte ich noch einmal betonen, wie sehr mich das Verhalten meiner kleinen Amelie faszinierte. Sie ging ganz wunderbar mit meiner schwierigen Situation um und nahm mich einfach an, so wie ich war. Kinder können in dieser Hinsicht manchmal mehr als 100 Erwachsene bewirken. Diese Akzeptanz und die Liebe, die ich durch meine kleine Tochter erfuhr, war neben der Unterstützung meiner Frau, der wohl größte Motor auf dem Wege zur Genesung.

Ich verbrachte ein paar schöne Tage mit meiner Familie und konnte meine Akkus wiederaufladen.

Am Montag ging es weiter und ich musste mich wieder der inzwischen gewohnten Behandlung unterziehen. Dann steigerten sich die Probleme mit der Luft und dem Hustenreiz während der Behandlung. Es fiel mir schwer, den Husten zurückzuhalten, und doch wollte ich nicht meine Hand heben, um die Behandlung vorzeitig abzubrechen, denn mein Ziel war es, wieder gesund zu werden, das war mein vorrangiges Thema.

Doch am Mittwoch während der Bestrahlung wurde es unerträglich und ich hob notgedrungen meine Hand. Die Pfleger kamen sofort herein und befreiten mich vom Korb. Ich setzte mich auf und konnte endlich aushusten. Zuerst war ich erleichtert, doch plötzlich bemerkte ich, dass ich Blut hustete! Einer der Pfleger schlug sofort Alarm und rief: „Der Patient blutet!"

Das Blut lief durch meine Kanüle und rann aus meinem Mund. Es ging alles sehr schnell. Zwei Ärzte und zwei Schwestern waren im nächsten Moment neben mir und sahen mich relativ entspannt an. Ihre Ruhe wirkte sich auch positiv auf mich aus, steckte mich an und ich konnte besser mit der schwierigen Situation umgehen. Ich fragte mich nur: „Wo kommen plötzlich die Leute her? Ich habe gar nichts mitbekommen."

Neben mir stand ein Transportbett und ich musste mich daraufsetzen. Die Ärzte gingen mit mir in einem rasanten Tempo in Richtung der HNO-Abteilung.

Dort erwartete mich schon ein Facharzt.

Er untersuchte meinen Hals und wechselte einige Worte mit meinem Onkologen. „Was ist los?", dachte ich mir und die Angst kroch erneut in mich und schien mich zu lähmen.

Ich verstand die Worte nicht genau, aber ich bekam mit, dass wieder von dieser gecufften Kanüle die Rede war. „Nicht schon wieder", dachte ich mir, „hört das denn niemals auf?"

Als ich wieder zurück auf meiner Station war, versuchte mich der Stationsarzt zu beruhigen: „Es ist nicht so schlimm, wie es aussieht, Herr Günthör. Der HNO ist der Meinung, dass durch die Bestrahlung ein Gefäß beschädigt wurde und geplatzt ist. Wir setzen Ihnen jetzt eine gecuffte Kanüle ein."

Daraufhin hustete ich mir aber die Seele aus dem Leib und am Nachmittag entschied der Arzt zum Glück, dass ich wieder eine normale Kanüle bekommen sollte.

Wieder meldete sich die Angst. Dunkel, finster und unbarmherzig. „Was ist, wenn es morgen auch wieder passiert?", fragte ich mich selbst.

Doch meine düsteren Gedanken wurden glücklicherweise jäh unterbrochen und in diesem Moment kam eine junge, sympathische Assistenzärztin herein und fragte mich nach meinem Befinden: „Wie geht es Ihnen denn Herr Günthör, sind Sie soweit wohl auf?"

Ich beschloss, ihr die Wahrheit aufzuschreiben, und antwortete: „Es geht mir nicht so gut, ich habe ständig einen Hustenreiz und ich habe Angst, dass ich wieder Blut spucken könnte."

„Ich verstehe Ihre Bedenken. Morgen bekommen Sie vor der Bestrahlung eine Spritze, die Ihnen helfen wird. Alles wird gut, Sie werden sehen."

Diese Aussage machte mich neugierig und ließ wieder ein wenig Hoffnung in mir aufkommen.

Ich schlief beruhigter, durch den Glauben, dass ich eine Spritze bekommen würde, die mir die Bestrahlung erleichtern sollte.

Am nächsten Vormittag erkundigte ich mich bei der Schwester nach meiner Spritze, denn ich wollte auf keinen Fall wieder einen Hustenreiz während der Behandlung bekommen. Ich bekam sie auch gleich in den Oberschenkel und spürte ein fürchterliches Brennen. Dann ging es los.

Glücklicherweise bewahrheitete sich das Versprechen der jungen Assistenzärztin und ich verspürte keinerlei Hustenreiz. Ich war sehr erleichtert!

Dann wurden meine Blutwerte kontrolliert. Das Ergebnis sah alles andere als rosig aus. Die Werte waren im Keller und mein Wochenendurlaub wurde verkürzt. Ich durfte nur noch von Samstag auf Sonntag nach Hause.

Das schlug sich selbstverständlich auch auf mein Gemüt. Am Montag gab es noch eine Kontrolle und die Werte hatten sich erneut verschlechtert. Danach wurde die Chemo für eine Woche pausiert. Ich hatte schon Angst, dass ich das kommende Wochenende gar nicht nach Hause durfte. Doch meine Angst war unbegründet. Die Werte verbesserten sich wieder und ich durfte im letzten Moment doch noch zu meiner Familie. Es war ein stetes Auf und Ab, ein Wechselbad der Gefühle. Solange ich noch einen winzigen Funken Hoffnung und Kraft in mir verspürte, würde ich niemals aufgeben, dessen war ich mir sicher!Die Zeit verging und meine dritte Woche der Behandlung brach an. Ich fragte mich: „Wird es besser oder nicht? Werde ich überleben, und wenn ja, wie?" Diese Selbstzweifel waren kennzeichnend für diese Zeit in meinem Leben und sie wollten mich einfach nicht in Ruhe lassen. Zur Sicherheit schrieb ich einen kleinen Brief an meine Familie, der regeln sollte, was passieren würde, falls ich es nicht schaffte. Ich wollte ihn aber noch nicht abschicken und ich wollte auch nicht, dass es nötig wurde. So verwahrte ich das Schreiben sicher in meiner Börse. Ich war mir auch sicher, dass sie ihn finden würden, wenn doch etwas schief ginge. Zweifel machten sich in mir breit und nahmen ihren Raum ein, in meinem Fühlen und in meinen Gedanken. Ich war nicht überzeugt, ob diese Behandlung etwas brachte, ob sie wirksam war. Was war, wenn alles für die Katz war? Was sollte dann nur aus mir und auch aus meiner Familie werden? Auch meine Umgebung wirkte sich nicht unbedingt förderlich auf meine Zuversicht aus, denn ich war mitten in lauter menschlichen Katastrophen. Schlimme Schicksale, manche waren noch „ärmer" dran als ich. Manchmal ertappte ich mich bei besonders düsteren Gedanken: „Vielleicht wäre es doch besser, wenn alles vorbei wäre."

Ich versuchte aber, dass diese Gedanken nicht die Oberhand in mir gewinnen konnten, obwohl sie sicher nur allzu verständlich waren. Ich konnte nicht sprechen und körperlich war ich ein Wrack. Normales Essen war nur ein Wunschgedanke, denn ich bekam meine Nahrung dreimal täglich über diese schreckliche Sonde. Die Infusion hing an einem Ständer und nach 25 Minuten war alles vorbei. Kein

Geschmack, kein Genuss, keine Abwechslung. Kein einziger Bissen im Mund. Nur meinem Körper wurde dadurch Nahrung zugeführt, nicht aber meiner Seele und meinen Sinnen. Die einzigen Lichtblicke in dieser düsteren Phase waren die Besuche meiner Familie und ganz besonders, wenn mich meine kleine Prinzessin umarmte und sie nach mir rief. Diese Augenblicke gaben mir Kraft und spendeten Trost. Kraft zum Durchhalten und Trost, um nicht an meiner Situation zu verzweifeln und den Verstand zu verlieren. Was hätte ich nur ohne meine Familie gemacht? Ich weiß es nicht, und ich möchte es auch gar nicht wissen!

Einst konnte ich das Leben in seiner ganzen Fülle genießen und spüren, doch scheinbar war nichts mehr davon übrig. Es gab so viele Genüsse und Aktionen in meiner Welt und jetzt lag ich hier und bekam „Nahrung" über eine Infusion.

Was für ein Leben sollte das sein? Und doch klammerte ich mich an den Gedanken, dass eines Tages wieder alles besser werden würde. Ich hatte schließlich nichts mehr zu verlieren. Nur wenn ich aufgab, hätte ich wirklich verloren, dann gäbe es keine Hoffnung mehr. Aber solange ich noch Leben in mir fühlte und in die Augen meiner Frau und meiner Kinder blicken konnte, die mir sagten: „Wir lieben dich! Wir glauben an dich! Werde gesund!", gab ich auch nicht auf und versuchte, mich weiterhin aufrecht zu erhalten.

Und doch war es alles andere als einfach, selbst mit der liebevollen Unterstützung meiner Familie. Mein Lachen verlernte ich und auch die Tränen versiegten längst. Ich saß aufrecht in meinem Bett und dachte darüber nach, wie es wohl wäre, wenn das Leben verschwindet. „Tut es weh?", dachte ich mir. „Kommt danach noch etwas, und wenn ja, wie sieht das dann aus? Kann ich mein Leben noch bewältigen oder gibt das alles keinen Sinn mehr? Wie wird mich mein Umfeld mit dieser schlimmen Beeinträchtigung sehen? Kann ich mich später im Alltag noch bewähren oder werde ich fürchterlich versagen? Werde ich jemals lernen, damit zu leben?"

Es waren so viele Fragen und so wenige Antworten.

Meine Frau versuchte mir immer klarzumachen, dass sie bedingungslos zu mir stehen werde und ihr meine Mankos nichts ausmachten. Und trotzdem war ich nicht ganz überzeugt. Wieder drängten sich mir Fragen auf: „Hält sie das auch durch? Kann sie damit leben, oder wird es ihr vielleicht einmal zu viel? Kann sie sogar an meiner Situation zerbrechen?"Ich wollte nicht, dass ihr Leben durch mich schlechter würde, denn dafür liebte ich sie zu sehr! Auf der anderen Seite war sie mein sicherer Hafen, mein Rettungsanker in der Not, während mein Schiff auf der stürmischen See hin- und her geschleudert wurde.

Ich machte mir auch Gedanken über meine Kinder. Ich wusste aus eigener Erfahrung, dass Kinder gemein sein konnten. „Werden die Freunde meiner Kinder sie mobben, weil ihr Vater anders ist?" Ich wusste auch darauf keine Antwort, weil ich mir noch nicht recht ein Leben nach dem Krankenhaus, ein Leben im Alltag vorstellen konnte. Ich war mittendrin im Prozess des Akzeptierens und Annehmens und dieser ist auch bis heute noch nicht vollständig abgeschlossen. Mir wurden oft Sätze gesagt wie: „Es gibt Menschen, denen es schlechter geht und die es ärger getroffen hat."

Ja, das stimmte, aber für mich reichte mein eigenes Schicksal vollkommen aus, noch mehr hätte ich nicht (er-)tragen können. Meine Bürde war schwer genug!

Ich stand, respektive saß, vor den Scherben meiner Gesundheit, vor einem zerstörten Lebenstraum, der einmal aus einem Leben mit viel Lachen, Liebe und ein wenig Saus und Braus bestand. Was einst eine prachtvolle Vase war, stückelte sich jetzt aus lauter kaputten Bruchteilen zusammen. Würde es mir je gelingen, diese Teile wieder zu einem vollständigen Ganzen zusammenzusetzen?

Es überstieg einfach meinen Horizont, niemals wieder essen oder trinken zu können. Etwas so Selbstverständliches, worüber man sich als gesunder Mensch kaum Gedanken macht, wurde für mich so wertvoll und wichtig, dass ich es schmerzlich vermisste.

Mit diesen Eindrücken wurde ich nach sieben endlos erscheinenden Wochen, sechs Chemos und 35 Bestrahlungstherapien schließlich entlassen. In eine Welt, die mich wahrscheinlich nicht mehr wollte und nicht mehr akzeptieren würde. Ich galt nun offiziell als behindert und langsam fühlte ich mich auch so. Und doch war es schön, wieder zu Hause zu sein. Es war schön, aus dieser ewigen „Krankheitskonfrontation" zu entkommen, mit all dem Leid, all den schlimmen Schicksalen. Ich wollte wieder Kinderlachen hören ... und ... Musik! Ja, Musik gab es auch noch, das war doch etwas Tröstendes. Zuhause setzte ich mich gleich ans Klavier und begann zu spielen. Das war sehr schön! Meine Hände streichelten das vertraute Instrument und entlockten ihm doch den ein oder anderen schönen Ton. Ich war also noch nicht tot. Ich lebte! Nur Singen war mir nicht mehr möglich. Ich hatte zwar in dieser Zeit schon eine Sprechkanüle, aber für Gesang reichte das leider nicht aus. Erst später, mit Hilfe von einer sehr guten Logopädin gelang es mir wieder, meine vertrauten schiefen Töne zu singen.

Als meine Tochter sagte: „Kann der Papi wieder normal sprechen und wann höre ich seine alte Stimme wieder?", traf es mich wie ein Pfeil mitten ins Herz. Die Antwort war mir klar: Überhaupt nicht mehr!

Arbeiten konnte ich noch nicht, denn ich war immer noch krankgeschrieben und musste mich schonen.

Doch ein Highlight stand kurz bevor. Ich fuhr mit meiner Familie in den Urlaub! Ich kaufte mir ein neues E-Piano und nahm es mit auf die Reise, damit ich im Urlaub ein wenig musizieren konnte. Als wir schon unterwegs waren, verspürte ich ganz leichte Schmerzen an meiner rechten Schläfe. Aber ich dachte mir nichts dabei. Bei unserer Ankunft wollte ich die frische Luft einatmen und riechen, doch leider vergebens. Wegen des Tracheostomas erfüllten weder Nase noch Mund ihren Zweck und versagten mir ihre Dienste.

Auch auf mein geliebtes Freistädter Bier musste ich dieses Mal verzichten. Ich hoffte inständig, dass es irgendwann wieder meine Kehle kühlen würde. Dann nahmen plötzlich die Schmerzen in meiner Schläfe zu und ich wusste nicht, was dies zu bedeuten hatte. Ich schlief in einem anderen Raum, um meine Familie nicht aufzuwecken, aber ich konnte die halbe Nacht nicht schlafen, so schlimm waren die Schmerzen. Es war zum Verzweifeln! Tags darauf suchten wir einen Arzt auf und er verschrieb mir ein Schmerzmittel. Doch es half mehr schlecht als recht. Als der Urlaub zu Ende ging, war ich froh, dass ich wieder nach Hause konnte.

Das Martyrium war aber leider noch nicht vorbei. Meine Blutwerte wurden wieder schlechter und ich musste erneut ins Spital. Wieder Infusionen. Wieder all das Leid um mich. Wieder meiner Krankheit ins Auge blicken.

Am letzten Tag meines Aufenthalts wurde ich noch einer Schmerz-Ärztin vorgestellt und sie verschrieb mir ein effizienteres Mittel, welches endlich anschlug und mir zu einem besseren Schlaf verhalf. Aber es benebelte auch ganz schön. Irgendwie schwebte ich durch das Mittel auf Wolke sieben, kein Wunder, es war Fentanyl, ein sehr starkes Opiat.

Außerdem machte es müde und ich schlief jeden Tag bis Mittag und am Abend ging ich früh zu Bett. Das Leben zog in schwammigen Nebelschwaden an mir vorbei und mir wurde alles gleichgültig. Ich dachte kaum noch über meinen Zustand nach. Im Wohnzimmer stand ein Fernsehsessel und dort bekam ich mein „Essen" über die Sonde. Die „Mahlzeit" war erst gegen 19 Uhr, doch dabei schlief ich schon ein. Es war kein richtiges Leben mehr, und doch machte das Schmerzmittel es irgendwie erträglicher und leichter. Ich litt nicht mehr so unter meinem Zustand. Aber es raubte mir auch die Kraft, aktiv zu werden und etwas an meinem Leben zu ändern.

Die Zeit verging und manchmal dachte Ich, dass es seltsam ist, wie das Leben an einem vorbeigleitet. Ich versuchte, mich zwar wieder musikalisch zu betätigen, doch obwohl es ein bisschen Spaß machte, drangen die Töne nicht mehr in die Tiefe meiner Seele. Vielmehr blieben sie an der Oberfläche hängen. Sie perlten ab an dem Nebelschleier, wenn das Fentanyl mich umwebte.

So wie das Musizieren fühlte sich auch mein restliches Leben an. Nichts drang mehr wirklich zu mir durch, ich fühlte mich abgeschnitten und ausgegrenzt und eigentlich nicht mehr richtig lebendig. Die Tage vergingen und nichts veränderte sich. Ich nahm meine „Mahlzeiten" über die Sonde, schlief viel und artikulierte mich einigermaßen über meine Sprechkanüle.

Im Nachhinein kann ich sagen, dass ich in dieser Zeit eher vor mich hinvegetierte, anstatt richtig zu leben. Ich war zwar da, aber irgendwie doch nicht richtig dabei. Ich war zwar ein Teil, aber nahm nicht mehr teil.

Es war klar, dass sich bald etwas ändern musste, und das würde es auch ...

Kapitel 4: Rückkehr ins Leben

„Nicht aufgeben! ...
... aufgegeben wird nur ein Brief."
Jörg Günthör

Ende Oktober 2018 raffte ich mich auf und sammelte all meine verbliebenen Kräfte. Ich begann wieder zu arbeiten. Ich war zwar froh, dass ich wieder eine Beschäftigung hatte, aber es war kein leichter Neustart. Alle Kollegen schauten mir auf den Hals, obwohl sie sich eigentlich nicht trauten, genau hinzuschauen. Aber es war mir auch nicht peinlich, wie ich aussah. Ich hatte Schlimmeres erlebt und dagegen waren die verstohlenen Blicke meiner Mitarbeiter nur ein Kinkerlitzchen. Doch dabei blieb es leider nicht. Nach drei Tagen Arbeitsalltag holte mich ein Kollege zu sich und sagte mir im Vertrauen: „Du, Jörg, es gibt in der Kollegenschaft einige Leute, die meinen, dass du wegen deines Tracheostomas stinkst. Es wäre besser, wenn du erst einmal zuhause bleibst. Nur so lange, bis sich die Wogen wieder geglättet haben."

Ich war baff!

„Wie soll das nur funktionieren?", dachte ich mir. Langsam ging mir die Kraft aus. Und doch war ich fest entschlossen, mich durchzubeißen, und mir meine mir bestimmte Position in meiner Arbeit wieder zurückzuholen.

Es vergingen wieder ein paar Monate und trotz der ständigen Sticheleien in der Arbeit und der Dämpfung des

Schmerzmittels überlebte ich auch diese Zeit. Anfang des Jahres kündigte sich dann ein Bote der Hoffnung an. Ich musste das Tracheostoma nicht mehr tragen! Meine Erleichterung darüber kann ich noch heute kaum in Worte fassen! Es war ein sehr guter Jahresanfang für mich.

Dann musste ich drei Monate lang geduldig auf einen Termin warten, um das Stoma zu verschließen. Der Begriff „Stoma" wird in der Medizin für einen künstlichen Darmausgang, eine künstliche Harnableitung oder einen bleibenden Luftröhrenschnitt verwendet. Bei Krebspatienten kann ein solcher Eingriff bei einem Tumor im Darm, in der Blase oder in den Atemwegen notwendig werden. Und doch hatte ich noch Angst davor, dass ich wieder dieses Erstickungsgefühl bekommen würde.

Der Winter verging und der Frühling zog ins Land, seine grünen Bänder ausbreitend. Hoffnung lag in der warmen Luft. Dann endlich war es so weit und der HNO-Facharzt erteilte die Freigabe für den Verschluss des Stomas. Doch auf die besagte Operation musste ich noch einmal drei weitere Monate warten.

Dann passierte wieder etwas, dass mich zum Nachdenken brachte: Immer, wenn ich mein Schmerzpulver nahm, blutete ich am Kiefer und ich fragte mich: „Warum passiert das?"

Langsam kam ich an den Punkt, an dem es Zeit für mich war, die Einnahme dieses Mittels zu überdenken. Andererseits fühlte ich mich mit dem Mittel recht gut und es war alles leichter zu ertragen und vor allem nahm es mir die Schmerzen und ich konnte gut damit schlafen. Also warum sollte ich daran jetzt etwas ändern?

So war ich hin- und hergerissen zwischen diesen beiden Möglichkeiten. Aus mir selbst heraus konnte ich aber nicht die Motivation aufbringen, von dem Mittel zu lassen und so ließ ich es einfach wie gewohnt weiterlaufen. Der Winterblues ging kontinuierlich über in die Frühjahrsmüdigkeit. Obwohl es mir psychisch recht gut ging, kann ich wirklich nicht behaupten, dass ich in dieser Phase meines Lebens voller Energie und Tatendrang war. Aber ich funktionierte und irgendwie hatte ich Angst davor, dass ich es ohne das Schmerzmittel nicht mehr würde.

Letztlich gab meine liebe Frau den entscheidenden Impuls dafür, dass ich mich dazu entschied, einen Entzug zu machen. Für sie war es inzwischen unerträglich geworden, dass ich immer so müde und gar nicht richtig anwesend war. Außerdem litt sie auch darunter, dass ich an den Abenden immer so früh einschlief, denn eigentlich war diese Zeit früher immer unsere gewesen, in der wir uns unterhalten konnten und zusammen die Abendruhe genossen.

Wir hatten uns zu dieser Zeit auch schon über Fentanyl informiert und wussten jetzt, was mir die Ärztin nicht erzählte, als sie es mir das erste Mal verschrieb. Es ist eigentlich eine Schande, dass man als Patient nicht besser aufgeklärt wird.

„Fentanyl ist eine noch stärkere Droge als Heroin, die abhängig macht und lebensbedrohlich ist, wenn sie unsachgemäß eingesetzt wird. Fentanyl wird Personen mit

75

starken Schmerzen verschrieben und kann Patienten verabreicht werden, die sich kürzlich einer Operation unterzogen haben oder die sich in einer Krebsbehandlung befinden. Es kann auch Menschen verschrieben werden, die an chronischen Schmerzen leiden. Als eines der stärksten synthetischen Opioide überhaupt hat Fentanyl hohes Abhängigkeitspotenzial und ist für eine unverhältnismäßig hohe Anzahl an Tod durch Überdosierung verantwortlich. Selbst wenn ein Patient Fentanyl wie verordnet einnimmt, besteht die Möglichkeit der Bildung einer Abhängigkeit von diesem Arzneimittel, was zu einer Sucht führen kann, wenn es nicht behandelt wird. Wie bei allen Opioiden kann der Entzug von Fentanyl unerträglich sein und die Entgiftung ist häufig nicht erfolgreich, wenn sie ohne die richtige medizinische Unterstützung versucht wird."

So hatte ich es gehört, doch für mich stand außer Zweifel, dass ich diesen Schritt allein gehen wollte und musste. Natürlich war ich nicht ganz allein damit, denn meine Frau stand hinter mir und stärkte mir den Rücken.

Ich setzte das Mittel zuhause und ohne ärztliche Begleitung ab. Die Auswirkungen waren mehr als heftig. Ich schwitzte und zitterte und fand in den Nächten kaum Schlaf. Übelkeit und Unruhe waren in den nächsten zwei Wochen meine ständigen Begleiter. Die Schmerzen nahmen wieder zu. Doch ich war fest entschlossen, mich aus dieser Abhängigkeit zu befreien. Ich gönnte mir keine Auszeit, sondern ging trotz des Entzugs weiter zur Arbeit. Nachdem die Erscheinungen langsam abebbten, wusste ich: „Ich habe es geschafft!" Ich war wieder zurück im Leben, der Herr meiner Sinne und konnte wieder für meine Frau und meine Kinder da sein. Es war eine große Befreiung und ich wandelte mich vom gedämpften Teilnahmslosen wieder zu einem aktiven Teilhaber am echten Leben.

Alle drei Monate musste ich zum MRT, aber daraus entstanden leider keine neuen Erkenntnisse. Alles blieb unverändert und immer gleich. Daraus erwuchs mir aber auch eine gewisse Sicherheit, das muss ich heute offen zugeben. Wenn sich nichts bewegt, gibt es zwar keinen Fortschritt, aber die monotone Routine gab mir Halt und beruhigte mich.

Weitere Tage und Wochen vergingen und schließlich stand der Sommer vor der Tür. Die Temperaturen stiegen an und ich sehnte mich nach einem kühlen Bier, welches meinen Mund, Rachen und Kehle benetzte. Doch ich konnte nichts trinken, obwohl ich ständig Durst hatte. Mein Körper hatte dieses Bedürfnis und war noch nicht daran gewöhnt, dass bei mir die Flüssigkeitsaufnahme über die Sonde stattfand. Ein Teufelskreis begann und es war nicht leicht für mich, damit umzugehen! Immer wieder erwischte ich mich auch dabei, wie ich meine Zeit und Energie auf sinnlose Gedanken verschwendete: „Was war früher? Was konnte ich früher alles tun und jetzt nicht mehr? Wieso kann ich mein altes Leben nicht zurückhaben?"

Es war mir sehr bewusst, dass diese Gedanken nicht konstruktiv waren und nicht meiner Akzeptanz der Krankheit, meinem Wohl und meinem Fortschritt dienten und doch schlichen sie sich immer wieder ein, nagten an mir und stachen mir dabei immer wieder kleine Löcher in mein Herz. Ich dachte an Schweinebraten und mein geliebtes Freistädter Bier, ich dachte an einen eiskalten Radler, den ich früher im Sommer gerne trank oder an ein schönes Krügel im Biergarten. Ein Leben voller Genuss und Freude, das war es, was ich einst führte und jetzt nicht mehr führen konnte. Jetzt war alles anders!

Doch ich musste lernen, damit umzugehen. Ich merkte, wenn ich mich solchen Gedanken hingab, änderte sich auch nichts an meiner Situation, außer, dass es mir schlecht ging und ich mich schmerzlich nach vergangenen Tagen sehnte.

Das Thema „Tod" ist für mich sehr intensiv und schwer, aber heute bin ich bereit, darüber zu sprechen und deshalb schreibe ich es nieder. Es geht um die Konfrontation mit dem Tod und dem Sterben. Im Alter von 50 Jahren meinte ich, dass ich mich erst in der Mitte meines Lebens befand. Ich dachte: „Was soll mir schon passieren? Ich bin so voller Lebenslust und Tatendrang, ich habe noch so viel vor!"

Doch fünf Jahre später, als ich meine Diagnose bekam, stand meine Welt auf dem Kopf. Es war nun keine heile Welt mehr, keine Welt voller Freuden und positiver Erfahrungen, es war eine Welt, die aus den Fugen geriet. Mit 50 stand ich auf dem Gipfel und konnte auf eine klare und schöne Welt hinunterblicken, die unter mir lag, als ich den Gipfel erklomm. Der Gipfelsieg hatte viele Jahre lang gedauert und war mit einigen Anstrengungen verbunden. Aber es hatte sehr viel Spaß gemacht! Ich hatte nichts zu bereuen und befand mich auf dem Zenit meines Lebens.

Als ich dann 55 wurde, wandelte sich mein Leben wie bereits beschrieben und aus der Aufwärtsspirale wurde eine rasante Talfahrt, die mich in ein dunkles und schwarzes Loch führte, dessen Ausmaße ich nicht einmal erahnen konnte. Ich bewegte mich in dieses Loch hinein und sah keinen Boden, nur elende schwarze Finsternis!

Die schwarzen und dunklen Gefühle nahmen in dieser Zeit überhand. Ich hatte mit großen Ängsten zu tun, und ich stellte mir die Frage: „Wie geht es weiter?" Es waren keine kleinen Ängste, keine „normalen" Sorgen, über Geld oder Karriere, oder darüber, wie ich mich selbst mehr verwirklichen könnte, es war harte und nackte Angst um mein Leben, Angst um meine pure Existenz!

Ich fragte mich, ob ich an der Talsohle irgendwann zerschelle, oder ob es da irgendwo, tief auf dem Grund des Lochs, doch noch ein Netz gab, das mich auffangen würde. Ich wusste es nicht, ich fand keine Antwort auf diese dringlichen Fragen. Meine Gefühle und Emotionen spielten verrückt.

Diese Erfahrung der neuen Gedanken und Gefühle beschäftigten mich die ganze Zeit und im Grunde hatte ich sie überhaupt nicht mehr im Griff. Besonders zu Beginn meiner Erkrankung dominierten sie mein Leben.

Der einzige Lichtpunkt war meine Tochter. Dieser kleine Mensch strahlte eine derartig positive Energie und Sehnsucht nach mir aus, dass ich überwältigt war, und gleichzeitig tief berührt und ergriffen. Kinder sind ein Wunder und wenn es einen Gott gibt, dann haben unsere Kinder den besten Draht zu ihm.

Ich saugte die positive Energie meiner kleinen Prinzessin Amelie ein wie ein Staubsauger, man kann guten Gewissens behaupten, dass meine Tochter ihren kranken Vater gerettet hat. Sie war zu Beginn meiner Diagnose sechs Jahre alt und kam damals gerade in die Schule.

Und auch die positive Energie meiner Frau und ihre bedingungslose Liebe, ihr grenzenloser Beistand, halfen mir, um wieder auf die Beine zu kommen. Sie sagte mir immer wieder und tut dies bis heute: „Alles andere, als dass du wieder gesund wirst, war nie eine Option für mich. Du musst es schaffen, deine Familie braucht dich!"

Glücklicherweise hatte ich diese dunkle Phase der drängenden Ängste nun hinter mir und es ging wieder bergauf in meinem Leben.

Ich habe inzwischen auch drei TherapeutInnen bzw. LogopädInnen.

In St. Pölten ist es Andres H., allgemeine Logopädin und in Innsbruck gibt es zwei, Burgi W. (speziell auf Sprache ausgerichtet) und Michael B. (speziell auf Schlucken und Ernährung ausgerichtet.)

Bei meinem ersten längeren Aufenthalt in Innsbruck im November 2020 begann eigentlich mein Start in ein halbwegs normales Leben.

Als ich das erste Mal dort war, hatte ich meine erste Stunde mit Burgi W. und ich war der Meinung, dass ich mich klar artikulieren und man mich gut verstehen konnte, denn ich tat es ja auch. Doch das war trügerisch, denn mein Gehirn gaukelte mir vor, dass die Worte, die ich aussprach, auch herauskamen und vor allem beim Gegenüber ankamen. Ich dachte, es würde alles passen, aber da täuschte ich mich gewaltig. Burgi W. machte Film- und Tonaufnahmen von meinen ersten Gesprächen mit ihr. Sie zeigte sie mir aber nicht sofort, sondern begann vorerst mit ihren Sprachübungen. Das war alles sehr anstrengend, wie ich feststellen musste. Doch ich bemerkte nach und nach, dass mir diese Übungen mehr Sicherheit beim Sprechen brachten. Sie stellten einen absoluten Gewinn für mich dar.

Zusätzlich zu meinen Sprachstunden hatte ich jeden Tag Physiotherapie zur Entspannung. Das war sehr wichtig, denn mit einer körperlichen Entspannung lassen sich viele Dinge einfacher bewältigen und auch die mentale Gelassenheit hängt unmittelbar damit zusammen.

In dieser Zeit besuchte ich auch das erste Mal einen Psychologen und das war für mich eine unerwartete Erfahrung. Bis dahin war ich der Meinung, dass ich so etwas nicht brauchte.

Als ich dich erste Stunde hatte, war ich positiv überrascht und fragte mich: „Kann mir eine Psychotherapie vielleicht doch helfen?" Ich war aber noch unschlüssig, was diesen Bereich meines Lebens betraf.

Am letzten Tag unserer Behandlung machte Burgi W. noch einmal eine Videoaufnahme von unserem Gespräch. Die Conclusio war, dass sie mir den Gegensatz vorführte, meine Entwicklung von der ersten Aufnahme bis zur letzten. Ich verstand selbst nicht, was ich zu Beginn der Behandlung auf Video sagte und ich war sehr schockiert und auch irritiert. Mein Weltbild und mein Selbstverständnis brachen zusammen, denn ich glaubte bis zu diesem Zeitpunkt immer, dass mich alle verstehen konnten. Aber immerhin war die zweite Aufnahme wesentlich besser und deutlicher. Als ich dann wieder nach Hause kam, war das Feedback meiner Mitmenschen überwältigend. Sie sagten Dinge wie: „Wow, wir verstehen dich wieder Jörg und wir müssen uns nicht anstrengen oder raten, was du meinst."

Auch meine Tochter war ganz überrascht und tat in kindlicher Freude kund: „Der Papa kann ja wieder sprechen!" Das freute mich sehr und es zeigte mir, dass sich der Aufenthalt in Innsbruck für mich lohnte, vor allem auch für die Deutlichkeit meiner Aussprache.

Dann kam die Zeit, als ich das zweite Mal in Innsbruck sein sollte. Das war im April 2021. Ich freute mich schon im Voraus auf diese Woche. Es war wieder die gleiche Prozedur. Am Morgen Physiotherapie zur Entspannung und zwei Mal am Tag Logopädie bei Burgi W. Ich war auch fasziniert darüber, dass sich diese beiden Abteilungen austauschten und miteinander kommunizierten. Bei der Physiotherapie konnte ich einmal ein Wort nicht richtig aussprechen. Die Therapeutin gab das sofort an Burgi W. weiter und wir übten es dann bei unserem nächsten Termin. Ich war begeistert von diesem Engagement und der Professionalität, die meine TherapeutInnen an den Tag legten!

Im Zuge dieses Aufenthalts lernte ich noch so einige Dinge dazu. So gibt es beispielsweise Buchstaben und Silbenkombinationen, die absolut unmöglich für mich auszusprechen sind. Es ist also ein Lernprozess für mich, manche Wörter zu umgehen und nach Alternativen, Synonymen oder Umschreibungen zu suchen.

Das ist eine Herausforderung, aber es macht auch Spaß, weil ich immer dazulerne und mich dabei beobachten kann, wie ich laufend Fortschritte mache. Besonders schwer ist dieser Prozess in einem normalen Gespräch, wenn Emotionen dazukommen, aber ich bin mir sicher, dass ich auch diese Herausforderung bewältigen kann. Ich unterhielt mich mit Burgi W. auch über den Fall, wenn ich in einer Besprechung sein würde, mit Menschen, die meine Vorgeschichte nicht kannten. Sie riet mir dazu, es ihnen kurz zu erklären, um Missverständnissen vorzubeugen. Viele könnten sonst vermuten, dass meine Spracheinschränkung von einem Schlaganfall herrührte und deswegen die Annahme haben, dass damit auch eine kognitive Störung verbunden sein könnte. Und dies ist ja bei mir überhaupt nicht der Fall. Im Kopf bin ich absolut fit!

Das war wichtig für mich, um meine Stellung in der Berufswelt zu behaupten und mir die Einstellung anzueignen, dass ich keine Behinderung habe, sondern nur eine Einschränkung, da ich ja nach wie vor an allen Lebensbereichen teilhaben konnte. Dieses Umdenken musste ich jedoch erst erlernen, was ein langwieriger Prozess war.

Mit dem Psychologen besprach ich die weitere Vorgehensweise hinsichtlich einer Therapie, die ich auch zu Hause in der Nähe von St. Pölten weiterführen konnte. Es war allerdings gar nicht so leicht, eine entsprechende Therapeutin zu finden. Doch letztlich gelang mir auch dies! Heute bin ich regelmäßiger psychotherapeutischer Behandlung und es tut mir sehr gut!

Im Mai 2021 wurde mir dann eine 90-prozentige Behinderung zugesprochen. Ich fühle mich zwar nicht wie ein Mensch mit Behinderung, aber diese Einordnung hat auch Vorteile und ich kann es inzwischen annehmen, dass ich von der Medizin so gesehen werde.

So führte ich mein Leben weiter, ich war wieder Papa und Musiker und kam meinen beruflichen Aufgaben nach. Es wurde immer besser und besser!

Im Februar 2022 passierte dann noch ein wichtiger Schritt für mich. Ich begann wieder zu kochen, für Freunde und meine Familie, obwohl ich selbst nichts schmecken und essen konnte. Einfach aus der puren Freude heraus und meiner Liebe zum Essen, die noch in meiner Erinnerung lebendig war. Scheinbar machte ich es ganz gut, denn alle stürzten sich auf meinen Schweinsbraten. Ein wenig teilhaben konnte ich dann doch, denn ich hatte inzwischen große Wattestäbchen, die ich in die

Soße tunken und dann in meinem Mund verreiben konnte. So durfte ich ein wenig echten Geschmack erleben und dafür bin ich sehr dankbar. Mein Mund konnte noch ein wenig schmecken, nur meine Zunge war absolut tot, was diesen Bereich betraf.

Schließlich musste ich nur noch lernen, auch in der Öffentlichkeit auf meine Weise zu essen und zu trinken. Es dauerte einige Zeit, bis ich dazu bereit war und mich wirklich in der Lage fühlte, mich vor aller Welt mit meinen körperlichen Einschränkungen zu zeigen.

Es kostete mich einiges an Überwindung und es erforderte Mut, mittels meiner Magensonde in der Öffentlichkeit etwas zu mir zu nehmen, aber als ich es dann im Mai des Jahres 2022 bei einem Ausflug ins Legoland mit meiner Familie das erste Mal tat, fühlte ich eine große Erleichterung und es war wieder ein Schritt mehr in Richtung Akzeptanz meiner Situation und der gegebenen Umstände und erleichterte mir, dass ich zu mir und meiner Einschränkung stehen konnte. Wenn man so will auch ein Akt der Selbstliebe und Selbstbejahung. Es war ein harter Weg, denn ich musste und durfte dabei lernen, zu akzeptieren, dass ich nun doch ein wenig anders war, als die breite Masse, zumindest was meine körperlichen Möglichkeiten betraf.

Inzwischen bin ich so weit. Ich sitze mit Freunden beim Heurigen, „trinke" mit und habe die größte Freude dabei. Es lohnte sich, dafür zu kämpfen ...

Es ist sehr wichtig für mich, dass ich wieder am normalen Leben teilnehmen kann und mich nicht mehr zuhause verstecken muss. Gemeinschaft hilft ungeheuerlich dabei, den Weg zurück in ein freudvolles und erfülltes Leben zu finden.

Auch im Beruf ging es wieder voran. Am 12. Dezember 2022 saß ich im Gemeinderatssitzungssaal und stellte den versammelten VertreterInnen der St. Pöltner Vereine meine Vision eines groß angelegten Jugendprojektes im Rahmen der Tangente 2024 vor. Ich schaffte es, selbstbewusst und motivierend vor diesen Menschen zu sprechen und, was noch wichtiger war, ich wurde auch wahrgenommen und schaffte es, gehört und verstanden zu werden. Im Anschluss folgte eine rege Diskussion und letztlich kam heraus, dass dieses Ereignis 2024 stattfinden wird. Es wird eine sehr große Veranstaltung mit wahrscheinlich mehr als 2.000 TeilnehmerInnen und ich freue mich sehr darauf!

Ich kann heute wirklich sagen, dass ich wieder ein gutes Leben führe, auch wenn es nach wie vor eine Herausforderu ist, mit meinen Einschränkungen umzugehen. Aber ich mache weiterhin Fortschritte und bin mir sicher, dass ich alles meistern kann, was auf meinem Weg noch vor mir liegt.

Ich spiele wieder regelmäßig mit einer Band, wenn auch nur zum Spaß, und singe, wenn ich allein bin. Ich plane 2025 in Pension zu gehen und von meiner Abfindung möchte ich mir ein Motorboot kaufen sowie auch den dazugehörigen Führerschein machen.

Ich habe Pläne, ich lebe! Ich freue mich so sehr, dass ich wieder ein Leben habe! Ich genieße die Augenblicke in der Gegenwart und sehe der Zukunft hoffnungsvoll und voller Vorfreude entgegen.

Danke!

Ich möchte mich am Ende dieses Buches noch bedanken. In erster Linie bei meiner Frau und meiner Familie, ohne deren Unterstützung ich das alles niemals geschafft hätte. Ohne sie hätte ich es sicher nicht auf diese Weise bewältigen können und würde mich heute nicht zu den glücklichen Bewohnern dieser Welt zählen dürfen. Aber auch meinen Freunden und TherapeutInnen und vor allem meinen Hausärztinnen gilt mein allergrößter Dank, denn viele haben mich mit Rat und Tat dahingehend unterstützt, dass ich heute wieder ein zufriedenes und selbstbestimmendes Leben führen kann. Ich wünsche mir, dass mancher betroffene oder auch gesunde Leser etwas Positives für sich aus meinen Erfahrungen ziehen kann, einen Gewinn, eine Bereicherung und auch einen Einblick in ein schweres Schicksal– ein Schicksal, das mich fast aus der Bahn warf, aber eben nur fast. Denn die Botschaft dieses Buches soll sein: So schwer auch dein Weg erscheinen, so aussichtslos und dunkel er anmuten mag, es gibt immer, wirklich immer einen Weg, den man beschreiten kann, ein Weg, der dich wieder ans Licht führt. Denn ...

Aufgegeben wird nur ein Brief ...

Im Februar 2023
Jörg Günthör

Der Wahlspruch meiner Familie:

„Wir lachen & leben zusammen.

Lieben und schätzen einander.

Machen Fehler und verzeihen.

Glauben an uns.

Sagen Bitte & Danke.

Sind laut und leise.

Chaotisch und verrückt.

Wir sind eine tolle Familie!"

„Herr Günthör hat gekämpft wie ein Löwe, um diesen Krebs zu besiegen. Hut ab vor diesem Menschen und dieser Lebenseinstellung!!!"

Dein Chef/Arbeitskollege und guter Freund
    Ing. Erwin Sulzer, MSc

Der Autor:

Ing. Jörg Günthör – Vater, Ehemann, Techniker und Musiker.

1962 in St. Pölten geboren. Aufgewachsen in einer typischen Arbeiterfamilie. Viele verschiedene Interessen haben es ihm am Anfang seines Lebensweges erschwert, seine Bestimmung zu finden. Mit 21 hat er sie endlich gefunden und seinen Weg gemacht. Bis mit 54 Jahren ein einschneidendes Erlebnis vieles verändert hat. Trotzdem hat er seine Ziele nie aus den Augen verloren und hat letztendlich auch diese Krise gemeistert.